SIETE MIRADAS

AL COMERCIO EN MÉXICO

SIETE MIRADAS

AL COMERCIO EN MÉXICO

Fundación Guendabi'chi'

ALFONSO ARELLANO HERNÁNDEZ (COORD.)

Número de Control de la Biblioteca del Congreso de EE. UU.:   2019908557
ISBN: Tapa Dura   978-1-5065-2941-7
                 Tapa Blanda   978-1-5065-2940-0
                 Libro Electrónico   978-1-5065-2939-4

Equipo de trabajo:
Director General: Alberto Adrián de León Leal
Coordinador Académico: Alfonso Arellano Hernández
Coordinadora Editorial: Viridiana Rivera Solano
Correción de estilo: Dan Kendall Arteaga Tapia
Ilustraciones: José Manuel Garduño Díaz

Portada:
Título: Estela crepuscular
Autor: José Manuel Garduño Díaz
Año: 2018
Técnica: Acuarela

Información de la imprenta disponible en la última página.

Fecha de revisión: 07/22/2019

Para realizar pedidos de este libro, contacte con:
Palibrio
1663 Liberty Drive, Suite 200
Bloomington, IN 47403
Gratis desde EE. UU. al 877.407.5847
Gratis desde México al 01.800.288.2243
Gratis desde España al 900.866.949
Desde otro país al +1.812.671.9757
Fax: 01.812.355.1576
ventas@palibrio.com
651232

ÍNDICE

Presentación

A lo largo de varios años invertidos en tareas académicas que suponen la formación profesional en alguna licenciatura o, inclusive, un posgrado —sobre todo en Ciencias Sociales y Humanidades—, me he enfrentado a las escasas posibilidades de que los jóvenes egresados de una carrera puedan dar a conocer, en forma expedita, los resultados de sus investigaciones (y que no sean "la tesis"). Así, tales saberes se diluyen fuera de las aulas y los reducidos ámbitos educativos, de modo que carecen de "proyección social" y no alcanzan al vasto público. Sin embargo, nunca falta una feliz circunstancia que reúna a un grupo de trabajo y el resultado se concrete en una publicación, sea en la forma tradicional de libro de papel o de libro "digital". Este es el caso de la presente obra.

La Fundación Guendabi'chi, A.C. —dirigida por Alberto Adrián de León Leal, con auxilio de un sólido, grande y cordial equipo coordinado por Viridiana Rivera Solano— tuvo a bien conjuntar un grupo de estudiantes de Historia, Etnohistoria, Arqueología y otras ciencias afines para enfocar ánimos hacia la historia del comercio. Desde varios intereses personales y posturas académicas, los participantes decidieron enfrentar el tema conductor y ofrecer alternativas novedosas a cada aspecto analizado.

Abre esta edición Verónica Alejandra Aguilar Hernández con su artículo "Instrumentos musicales presentes en el *Códice Florentino* y su importancia en los areítos". Dedicada a la Historia del Arte, revela un breve estudio sobre instrumentos musicales; con la intención de averiguar ciertos patrones ilustrados en uno de los más notorios escritos del siglo XVI: el *Códice Florentino*, redactado por fray Bernardino de Sahagún antes de su magna obra: la *Historia general de las cosas de la Nueva España*.

Continúa el singular y vívido trabajo de Héctor Eduardo Almaraz Maldonado: "El resonar y participación social del ferrocarrilero mexicano (1946-1952)". Al ser uno de los mayores medios de comunicación desde mediados del siglo XIX hasta su casi desaparición en los últimos años del siglo XX, los ferrocarriles han tenido una larga historia, llena de altibajos, que el autor rescata y enfoca gracias a entrevistas realizadas con algunos notorios personajes, quienes resaltan anécdotas y reflexiones muy reveladoras sobre los ferrocarrileros.

Sigue el artículo de Ricardo Andrés Alfaro Mancera: "Las obras del desagüe en la Ciudad de México durante el Porfiriato. Un estudio de caso de sobornos (1884-1900)". Texto sugerente, aclarador sin dejar de ser polémico, en donde el autor se enfrenta a una de las más grandes obras del gobierno porfirista cuya finalidad era evitar las inundaciones de la Ciudad de México. Sobresale el enfoque otorgado a la corrupción y malos manejos económicos entre mexicanos y extranjeros, que casi dan al traste con el proyecto y, que tuvo además la peculiaridad de volver al famoso Tajo de Nochistongo un lugar turístico.

El cuarto texto nos remonta del siglo XIX al XVI. Se debe a la autoría de Alan Job Montellano Jiménez: "Desarraigo cultural y esclavitud. Comercio de mujeres africanas en la Nueva España. 1519–1594". Obra de aliento sintético y dirigida a comprender el comercio de africanos hacia América a lo largo del siglo XVI; tiene además la sensibilidad de enfocarse a un punto que no sólo atañe a la economía, sino también a la profunda participación de las esclavas africanas en la cultura novohispana que derivó en mestizajes hoy vigentes e innegables.

Dos trabajos emparentados por el tema prehispánico se deben a la mano de Alejandra Arteaga García y Ethan Arbil Buendía Sánchez: los mayas y Teotihuacán. Arteaga expone una interesante síntesis de los conocimientos acerca de "El comercio de productos de prestigio en el área maya"; en particular piedras finas y alfarería de elites, así como su simbolismo. Arranca de un bosquejo del contexto sociocultural maya de los siglos III a XII d.C. Para, entonces, describir usos y valores mercantiles y de intercambio.

Por su lado, Buendía se encara a un tema que parece "moda actual": la supuesta influencia teotihuacana en la cultura maya. En "Mayas y teotihuacanos: intercambios comerciales, intercambio de ideas", el autor enlista los más relevantes análisis al respecto y los critica en forma atinada y mesurada, desde las rutas de comercio hasta los objetos de intercambio de lujo y de uso, tanto elitista como popular, por ejemplo: el pedernal y la obsidiana.

Finalmente, cierra el sugerente y propositivo artículo de Juan Alejandro Benítez González: "La representación retórica y comercial del mezcal en las crónicas de Indias". Lleva a cabo una particular reseña crítica de cómo se entendieron, en el siglo XVI, las bebidas alcohólicas mesoamericanas —pulque, chicha, mezcal— bajo el punto de vista de los europeos, y los supuestos problemas de fermentación y destilación. Pasa entonces a traducir del náhuatl, labor nada sencilla, una sección del ya citado *Códice Florentino*, donde se habla de los magueyes y sus productos.

Así, en unas cuantas páginas, los siete jóvenes investigadores logran amarrar problemas e hipótesis, ofrecen respuestas y también dejan abiertas las puertas para estudios ulteriores. No puede omitirse que el lapso fue corto desde el inicio de esta aventura compartida hasta la entrega final para la imprenta: casi un año. Por lo mismo, los resultados adquieren mayor fuerza sin que por ello silencien problemas y obstáculos no superados. Y ahora el lector tiene acceso a una obra colectiva, sembrada de numerosos altibajos que han concluido en el mejor de los modos.

Tal vez muchos lectores hallen errores y contradicciones, situación natural cuando los temas son tan amplios y disímbolos, debidos a la pluma de otros tantos autores. En esto no oculto mi responsabilidad como coordinador: que las faltas caigan sobre mis limitaciones académicas. Quede, pues, este libro como sincero testimonio de diversos intereses acerca del comercio y sus muchos matices, debido a los siete noveles y entusiastas investigadores.

Alfonso Arellano Hernández
Fundación Guendabi'chi', A.C.
San Ángel, Cd. de México, 2019

Instrumentos musicales presentes en el *Códice Florentino* y su importancia en los areitos[1]

Verónica Alejandra Aguilar Hernández

Introducción

Los instrumentos musicales prehispánicos, o al menos los más representativos, —como el *huéhuetl* y el *teponaztli*— son conocidos por la mayoría de nosotros debido a que, en un intento por "reivindicar nuestras raíces", se han montado espectáculos en los que la danza y la música se fusionan para mostrar al público lo que los antiguos habitantes de México-Tenochtitlan pudieron haber realizado con dichos instrumentos y bailes. Sin embargo, en eso queda: en lo que pudieron haber hecho. Esto se debe a que no se han encontrado registros gráficos de la música que tocaban, y los investigadores se han visto limitados, por los pocos instrumentos hallados, a describir sonidos y alturas de notas, realizando hipótesis de las posibles escalas usadas. Más recientemente con los *Cantares*

---

[1] *Areito* es una palabra caribe que significa las ceremonias de los aborígenes antillanos en las que se conmemoraban hechos pasados de la tribu o victorias recientes. Se supone que equivale a las nahuas *netotiliztli* y *maceualiztli*: "danzar", en "Los areitos", *Historia del Nuevo Mundo*, consultada el 24 de mayo de 2016: http://www.historiadelnuevomundo.com/index.php/2011/11/los-areitos/ y Esther Hernández, *Vocabulario en lengua castellana y mexicana de fray Alfonso de Molina* (Madrid: Centro Superior de Investigaciones Científicas, 1996), 48.

Mexicanos se ha abierto la posibilidad de estudiar la rítmica de la música.[2] Con respecto a la danza, al igual que en la música no hay forma de saber cómo eran exactamente los bailes ni los pasos. Por fortuna existen códices que, si bien no nos dicen todo lo anterior, si nos dan un panorama general de los instrumentos usados, quiénes los tocaban, para qué, cuándo y dónde los tocaban; al tiempo que nos dicen los atavíos con los que se vestían los danzantes para bailar, así como los lugares en que se enseñaba música.

De acuerdo con León-Portilla, la palabra "música" en náhuatl es *tlatzotzonaliztli,* del verbo *tzotzona*: dar golpes, hacer resonar. También es *tlapitzaliztli*: de *tlapitza*, soplar, aplicado al sonido de las flautas.[3] Ambos significados, como veremos a continuación, tienen mucho sentido pues los principales instrumentos musicales producían sonido al golpearlos con manos o palillos —es decir, eran percutidos— además de los que se soplaban.

Otro dato interesante que nos brinda el autor es que el dios de la música, el canto y la danza; es Xochipilli. La imagen más conocida de este dios lo muestra sentado con las piernas cruzadas, y el cuerpo decorado con varias flores. En algunos códices se representa con una vírgula que sale de su boca, la cual significa que emite sonido y, de acuerdo en los contextos, significa que hay canto o palabra. Esto aplica también para otros personajes mostrados en los códices.[4]

Mi propósito en este texto no sólo es describir los elementos y clasificar los instrumentos musicales presentes en la ilustración de la foja 30r del Libro VIII del *Códice Florentino*, sino también hacer un análisis enfocado al conjunto de la misma ilustración.

---

[2] Miguel León-Portilla, "La música en el universo de la cultura náhuatl", *Estudios de Cultura Náhuatl* 38 (2000). La idea original es de Ángel Ma. Garibay.

[3] *Ibíd.*, 129.

[4] *Ibíd.*, 132.

Diversos autores como Miguel León-Portilla, Samuel Martí y Vicente Mendoza, han trabajado en la investigación de los instrumentos musicales prehispánicos. Incluso han usado diferentes imágenes del *Códice Florentino* como ejemplo gráfico.

Éste códice fue escrito por fray Bernardino de Sahagún (franciscano que llegó a México en 1529) entre 1575 y 1577. A fines del siglo XVI llegó a manos de los Medici y ahora se encuentra en la Biblioteca Laurenciana de Florencia. Consta de XII libros en los que el autor describió las características de la cultura y la gente del centro de México. El texto está dividido en dos columnas: una escrita en español y otra en náhuatl.

Los areitos y el *Mixcoacalli*

Por principio, me interesa el Libro IV: "De la astrología judiciaria o arte adivinatoria indiana. Capítulo VII: Del cuarto signo llamado *Cexúchitl*: Los hombres que nacían en él decían que eran alegres, ingeniosos, inclinados a la música, a placeres y decidores; y las mujeres grandes labranderas y liberales de su cuerpo si se descuidaban. Decían ser este signo indiferente, a bien, y a mal."[5]

Como podemos observar en la figura 1, se encuentran personas danzando y tocando

Fig. 1.
ANÓNIMO, ca. 1577
Lámina tomada del Libro IV: de la astrología judiciaria o arte adivinatoria indiana, *Códice Florentino*, 1577, f. 19
Biblioteca Digital Mundial
https://www.wdl.org/es/item/10615/view/1/40/

---

[5]   Bernardino de Sahagún, "Libro IV: De la astrología judiciaria o arte adivinatoria indiana" en *Historia general de las cosas de la Nueva España*, (Barcelona: Linkgua, 2009).

dos instrumentos musicales muy importantes: el *huéhuetl* y el *teponaztli*. El texto habla, como ya vimos, de las personas que nacían en el signo llamado *Cexóchitl* o Uno Flor, en el cual nacían las personas alegres, ingeniosas, mujeres muy trabajadoras, y las personas inclinadas a la música:

> También decían que los señores bailaban en este signo por su devoción, los días que les parecía; y cuando habían de comenzar esta solemnidad, ponían dos varales con flores a la puerta del palacio, y aquello era señal que habían de bailar a honra de este signo algunos días, y el cantar que habían de decir mandaba el señor que fuese el que se llama *cuextecáyutl* o *tlaoancamextecáyutl*, o *uexotzincáyutl*, o el que se llama *anaoacáyutl* [...] También los que tenían cargo de guardar los plumajes con que bailaban, sacaban todos los que tenían, para que tomase el que quisiere el Rey, y conforme a aquel, daban sus divisas o plumajes a los principales y hombres valientes, y soldados, y toda la otra gente de guerra. También daban mantas y maxtles a los cantores, y a los que tañían teponaztli y atambor, y a los que silbaban, y a todos los otros bailadores y cantores."[6]

Samuel Martí se basa en Alfonso Caso y dice que dos sacerdotes principales tenían a su cargo la escuela de música o *Mixcoacalli*,[7] así como el proveer todo lo necesario para el culto. Uno era llamado Ometochtli; representante del dios del pulque, y otro era el Tlapitzcaltzin, literalmente "señor de la casa de las flautas".[8] Es decir, que ambos eran responsables del

---

[6]   Bernardino de Sahagún, *Historia general de las cosas de Nueva España*, Tomo Primero, México, 1829, p. 296-297.

[7]   N. del E.: Literalmente "Casa de Nube".

[8]   Samuel Martí, *Cantos, danza y música precortesiana"* (México-Buenos

Mixcoacalli y enseñaban a tañer, cantar y danzar a los alumnos de esta escuela, quienes (de acuerdo con la información que ofrece Sahagún) esperaban las órdenes del gobernante para tañer y danzar lo que les ordenara. Sobre esto, Sahagún nos dice que una de las cosas en que estos señores tenían especial cuidado eran los areitos:

> Dictaba el cantar que se había de decir, y mandaba a los cantores que le pusiesen en el tono que quería, y que le proveyesen muy bien. También mandaba hacer aquellas macetas de *ulli* con que tañen el *teponaztli*, y que el *teponaztli* y el atambor fuesen muy buenos. También mandaba los meneos que había de haber en la danza, y los atavíos y divisas con que se habían de componer los que danzaban. También los señalaba los que debían de tañer el atambor y el *teponaztli*, y los que habían de guiar las danza o el baile, y señalaba el día del baile para alguna fiesta señalada de los dioses [...] Y andando en el baile, si alguno de los cantores hacía falta en el canto, o si los que tañían el *teponaztli* y atambor faltaban en el tañer, o si los que guían erraban en los meneos y contenencias del baile, luego el señor les mandaba prender, y otro día los mandaba matar.[9]

Otra sección en que se habla sobre el tema se halla en el Libro VIII: "De los reyes y señores". En él se escribió acerca de los reyes y los nobles, las formas de gobierno, las elecciones de los gobernantes, y las costumbres y los pasatiempos de la

---

Aires: Fondo de Cultura Económica, 1961), 112.

[9] De Sahagún, "Capítulo XVII: De las cosas en que se ejercitaban los señores para regir bien su reino. Párrafo tercero: de la manera de los areitos" en *Historia general...*, 67–68.

nobleza. En el párrafo 7 el autor describe "De la sala de los cantores, y de los atavíos del areito".[10]

> Había otra sala que se llamaba *mixcoacalli*. En este lugar se juntaban todos los cantores de México y Tlaltelulco, aguardando a lo que les mandase el señor, si quisiese bailar o probar o oír algunos cantares de nuevo compuestos. Y tenían a la mano aparejados todos los atavíos del areito, atambor y tamboril, con sus instrumentos para tañer el atambor, y unas sonajas que se llaman *ayacáchtli* y *tetzilácatl* y *omichicaoaztli* y flautas, con todos los maestros tañedores y cantores y bailadores, y los atavíos del areito para cualquier cantar. Si mandaba el señor que cantasen los cantares de *uexotzincáyutl* o *anaoacáyutl*, así los cantaban y bailaban con los atavíos del areito de *uexotzincáyotl* o *anaoacáyutl*. Y si el señor mandaba a los maestros cantores que cantasen y bailasen el cantar que se llama *cuextecáyutl*, tomaban los atavíos del areito conforme al cantar, y se componían con cabelleras y máscaras pintadas, con narices agujereadas y cabellos bermejos, y traían la cabeza ancha y larga, como lo usan los cuextecas. Y traían las mantas tejidas a manera de red, de manera que los cantores tenían muchas y diversas maneras de atavíos de cualquiera areito para los cantares y bailes.[11]

Esto último nos hace darnos cuenta de la importancia de los areitos y por ende de estos sacerdotes, pues su trabajo era enseñar a tañer, cantar y danzar.

---

[10] De Sahagún, Libro VIII: De los reyes y señores, *Códice Florentino*, Libro VIII, f. 29v.

[11] De Sahagún, "Capítulo XIV. De la manera de las casas reales. Párrafo 7: de la sala de los cantores y de los atavíos del areito" en *Historia* general..., 63.

A continuación, describiré los elementos presentes en la imagen de la foja 30r del Libro VIII del *Códice Florentino*, que son los atavíos y los instrumentos musicales.

Descripción y clasificación organológica

Atavíos de los areitos

Fig. 2.
Anónimo, ca. 1577
Lámina tomada del Libro VIII: de los reyes y señores, Florencia, *Códice Florentino*, 1577, f. 30 r. Biblioteca Digital Mundial https://www.wdl.org/es/item/10619/view/1/63/

Los elementos muestran precisamente esa diversidad de indumentaria que tenían tanto cantores como danzantes. Ya cité la referencia del códice acerca de las órdenes del señor y el tipo de baile realizado, por ejemplo, el de los cuextecas.[12] También de acuerdo con Sahagún se dice que:

> Uno de los aderezos, y el primero que usaban los señores en los areitos se llamaba *quetzalilpiloni*, y eran dos borlas hechas de plumas ricas guarnecidas con oro […] y traíanlas atadas a los cabellos de la coronilla de la cabeza, que colgaban hasta el pescuezo por la parte de las sienes, y traían un plumaje rico a cuestas, que se llamaba *tlauhquecholtzontli* […] Traían también unos sartales de piedras preciosas al cuello. Traían una medalla colgada de un collar de oro, y en el medio de ella una piedra preciosa llana, y por la circunferencia

---

[12] Bernardino de Sahagún, "Los mexicas llamaban cuextecas a los huastecos" en *Gran diccionario náhuatl* (México: Universidad Nacional Autónoma de México, 2012), consultado el 16 de mayo de 2017: http://www.gdn.unam.mx

colgaban unos pinjantes de perlas [...] Usaban también traer en la mano derecha una banderilla de oro, y en lo alto un remate de plumas ricas. Usaban también por guirnaldas un ave de plumas ricas hecha, que traía la cabeza y el pico hacia la frente y la cola hacia el cogote, con unas plumas muy ricas y largas, y las alas de esta ave venían hacia las sienes, como cuernos, hechas de plumas ricas [...] También usaban los señores en el areito traer flores en la mano, juntamente con una caña de humo que iban chupando [...] También usaban de carátulas o máscaras labradas de mosaico, y de cabellera, como las usan ahora, y unos penachos de oro que salían de las carátulas.[13]

Se ve que los señores de las casas reales también tenían un atavío para los bailes, el cual, de acuerdo con Sahagún constaba de: "unas borlas hechas de pluma y oro atadas a los cabellos de la coronilla [...] poníanse al cuello un collar de piedras preciosas de diversos géneros [...] un brazalete con un plumaje que sobrepuja la cabeza, y otro plumaje en la mano

Fig. 3.
ANÓNIMO, ca. 1577
(Fragmento) Lámina tomada del Libro VIII: de los reyes y señores, Florencia, *Códice Florentino*, 1577, f. 30 r.
Biblioteca Digital Mundial
https://www.wdl.org/es/item/10619/view/1/63/

[...] Poníanse unos ceñideros muy ricos, que ellos llamaban *máxtlatl*, que sirve de cinta y de cubrir las partes vergonzosas".[14]

---

[13]   De Sahagún, "Capítulo IX. De los aderezos que los señores usan en sus areitos" en *Historia general...*, 47-49.

[14]   De Sahagún, "Capítulo XVII. De las cosas en que se ejercitaban los señores para regir bien su reino. Párrafo tercero: de la manera de los areitos" en *Historia* general..., 68.

Martí nos dice que la danza y la música alcanzaron un gran desarrollo en América. Bailaban, llamaban, honraban y alababan a sus dioses con cantos y danza.[15]

Tlapitzalli

Los elementos que vemos corresponden a dos flautas o *tlapitzalli*, que significa soplo o acto de tañer una flauta.[16] Pertenecen a la familia de los aerófonos,[17] aquellos instrumentos que producen el sonido por la vibración de una columna de aire contenida dentro de un tubo gracias a una embocadura por la cual se introduce el aire y forma un pabellón o campana para amplificar dicho sonido.[18] Las flautas podían estar hechas de barro, carrizo, hueso o madera. Su decoración era muy variada e incluía rasgos zoomorfos o antropomorfos.[19] De acuerdo con Samuel Martí: "las flautas aztecas [*sic*] tienen un aeroducto adaptado al tubo [...] su principio se basa en dirigir el soplo contra un filo

Fig. 4.
Anónimo, ca. 1577 (Fragmento) Lámina tomada del Libro VIII: de los reyes y señores, Florencia, *Códice Florentino*, 1577, f. 30 r. Biblioteca Digital Mundial
https://www.wdl. org/es/item/10619/ view/1/63/

---

[15]   Samuel Martí, *"Cantos, danza y música precortesiana"* (México-Buenos Aires: Fondo de Cultura Económica, 1961), 156.

[16]   *Ibid.*

[17]   Erich Moritz von Hornbostel y Curt Sachs escribieron *Systematik der Musikinstrumente* en 1914 para establecer patrones que clasificaran todos los instrumentos.

[18]   José Pérez de Arce, "Clasificación Sachs-Hornbostel de instrumentos musicales: una revisión y aplicación desde la perspectiva americana", *SciELO, Revista Musical Chilena* 67 (2013), consultada el 24 de mayo de 2016. http://www.scielo.cl/scielo.php?pid=S0716-27902013000100003&script=sci_arttext

[19]   Jaen Madrid, "Muestrario de instrumentos musicales prehispánicos", *+DEMX*, consultada el 16 de abril de 2017: http://masdemx. com/2016/12/musica-ritual-indigenas/

para poner en vibración la columna de aire dentro del tubo."[20] También nos dice que estas flautas tienen un largo poco común en sus embocaduras. En muchos casos se emplean en pares, pues se retoma el simbolismo y concepto de masculino y femenino que tenían las culturas prehispánicas.[21]

Atecocolli

Este también es un aerófono: un caracol marino perteneciente a los *Strombus*, que en náhuatl se dice *atecocolli*.[22] Se toca apoyando con fuerza los labios como en la trompeta, produciendo un sonido ronco. De acuerdo con Samuel Martí "el volumen y fuerza del soplo determinan la sonoridad y la altura (grave o agudo) del sonido emitido [...] produce la misma escala de

Fig. 5.
ANÓNIMO, ca. 1577
(Fragmento) Lámina tomada del Libro VIII: de los reyes y señores, Florencia, *Códice Florentino*, 1577, f. 30 r.
Biblioteca Digital Mundial
https://www.wdl.org/es/item/10619/view/1/63/

armónicos que el tubo o cuerno de caza, escala en la cual se basan los sistemas musicales europeos y orientales".[23] Servía para llamar al servicio al templo, a trabajar a la comunidad, a la guerra, a sentarse a una asamblea, a una ceremonia o a una fiesta.[24]

Samuel Martí también nos dice que algunos *atecocolli* estaban adornados con grecas simbólicas y glifos pintados de colores.

---

[20]   Samuel Martí, *"Instrumentos musicales precortesianos"* (México: Instituto Nacional de Antropología e Historia–EDIMEX, 1961), 81.

[21]   *Ibid*, 90.

[22]   De Sahagún, *Gran diccionario náhuatl...*

[23]   Martí, *Instrumentos musicales...*, 48-51.

[24]   Guadalupe Pimentel, *Sabiduría y cultura azteca* (México: Progreso, 2005), 53.

Algunos tienen agujeros, ya que les ponían cintas para colgarlas del cuello (de los músicos, sacerdotes o guerreros).[25]

Ayacachtli

Pertenece a la familia de las percusiones, específicamente a los idiófonos, pues producen sonido por su propia oscilación al ser golpeados, frotados o raspados.[26] Los *ayacachtli* tienen una calabaza ovalada, con semillas o pequeños guijarros, conectada a un mango de madera;[27] al ser movidos producen un sonido parecido al de las sonajas.

Fig. 6.
Anónimo, ca. 1577
(Fragmento) Lámina tomada del Libro VIII: de los reyes y señores, Florencia, *Códice Florentino*, 1577, f. 30 r.
Biblioteca Digital Mundial
https://www.wdl.org/es/item/10619/view/1/63/

Samuel Martí destaca el carácter esotérico y sagrado que el *ayacachtli* tiene: "Cada calidad, timbre y sonoridad responde a determinado propósito y es ideado según el carácter de la ceremonia o danza […] el material empleado, el tamaño, la dureza y número de piedrecillas o semillas introducidas están calculados para producir determinados efectos".[28]

---

25 Martí, *Instrumentos musicales...*, 53.

26 Pérez de Arce, «Clasificación...»

27 De Sahagún, *Gran diccionario...*

28 Martí, *Instrumentos musicales...*, 38-39.

Tetzilácatl

Al igual que el instrumento anterior, es un idiófono. Consta de una bandeja de metal suspendida por una cuerda, que se golpea con un mazo o con la mano.[29] De acuerdo con Samuel Martí, éste instrumento tenía el mismo sonido de una campana.[30]

Fig. 7.
Anónimo, ca. 1577 (Fragmento) Lámina tomada del Libro VIII: de los reyes y señores, Florencia, *Códice Florentino*, 1577, f. 30 r. Biblioteca Digital Mundial
https://www.wdl.org/es/item/10619/view/1/63/

Su uso era principalmente sagrado, pues era comúnmente tocado en los templos.

Omichicahuaztli

Es otro idiófono. Está hecho de hueso (de humanos incluso), que en su superficie se tallaban hendiduras transversales, las cuales eran frotadas con otro hueso, asta o concha, produciendo un sonido similar al de un güiro. Se utilizaba principalmente para acompañar rituales y grandes ceremonias.[31]

Fig. 8.
Anónimo, ca. 1577 (Fragmento) Lámina tomada del Libro VIII: de los reyes y señores, Florencia, *Códice Florentino*, 1577, f. 30 r. Biblioteca Digital Mundial
https://www.wdl.org/es/item/10619/view/1/63/

Teponaztli

Es otro idiófono. Está hecho de maderas como nogal, tepeguaje, chicozapote o roble, que

Fig. 9.
Anónimo, ca. 1577 (Fragmento) Lámina tomada del Libro VIII: de los reyes y señores, Florencia, *Códice Florentino*, 1577, f. 30 r. Biblioteca Digital Mundial
https://www.wdl.org/es/item/10619/view/1/63/

---

[29] De Sahagún, *Gran diccionario náhuatl...*

[30] Martí, *Instrumentos musicales...*, 44.

[31] De Sahagún, *Gran diccionario náhuatl...*

podía medir desde 25 cm. hasta 100 cm. En la parte superior tiene dos lengüetas en forma de "H",[32] y dado que esas lengüetas son de distintas longitudes, y talladas en diferentes grosores, el *teponaztli* produce dos sonidos diferentes. A veces se colocaba debajo del instrumento una jícara con agua para modificar la resonancia de la madera.

Se usaba para acompañar cantos y danzas.[33] Samuel Martí nos dice que este instrumento tenía uso religioso y que "el sonido del teponaztli es sonoro y resonante con un timbre muy característico."[34] El *teponaztli* era percutido con los *olmáitl*.

Olmáitl

En la ilustración se ve este elemento. Son baquetas hechas de astas o madera con la punta cubierta de hule, con las cuales percutían los *teponaztlis*.[35] De acuerdo con León-Portilla, *olmáitl* significa "mano de hule."[36]

Fig. 10.
Anónimo, ca. 1577
(Fragmento) Lámina tomada del Libro VIII: de los reyes y señores, Florencia, *Códice Florentino*, 1577, f. 30 r.
Biblioteca Digital Mundial
https://www.wdl.org/es/item/10619/view/1/63/

---

[32] Barbara Konieczna Zawadzka, "Los instrumentos musicales del México antiguo", *Suplemento Cultural El Tlacuache*. 293 (2008), 1-2. Martí, *Instrumentos musicales...*, 23.

[33] Gabriel Pareyón, "El teponaztli en la tradición musical mexica: apuntes sobre prosodia y rítmica," ponencia presentada en II Foro Nacional sobre Música Mexicana: Los Instrumentos Musicales y su Imaginario, 28 de septiembre de 2005.

[34] Martí, *Instrumentos musicales...*, 23.

[35] *Ibid.*

[36] León-Portilla, "La música...", 134.

Huéhuetl

Este instrumento también forma parte de las percusiones, pero a diferencia de los últimos expuestos, es parte de la familia de los membranófonos.[37] Son tambores hechos de nogal, encino y ahuehuete. Algunos cronistas apuntan que los hubo también de oro y cerámica.[38] Están cubiertos en la parte superior por una membrana —de ahí el nombre de membranófono— hecha de piel de animal que se percute con las manos. Miguel León-Portilla nos dice que el tronco de madera estaba ahuecado y se colocaba en posición vertical y que "La piel se ajustaba según se quería que se produjera el sonido y sobre esa cubierta se tocaba con las manos hacia el centro y en los extremos".[39]

Fig. 11.
ANÓNIMO, ca. 1577 (Fragmento)
Lámina tomada del Libro VIII: de los reyes y señores, Florencia, *Códice Florentino,* 1577, f. 30 r.
Biblioteca Digital Mundial
https://www.wdl. org/es/item/10619/ view/1/63/

Había tres tamaños: uno pequeño o *huéhuetl,* uno mediano que se llamaba *panhuéhuetl,* el cual podía ser sostenido entre las piernas, y uno grande llamado *tlapanhuéhuetl,* el cual se apoyaba sobre el piso. Eran usados principalmente para la guerra, aunque también acompañaban los cantos y la danza.[40] Samuel Martí nos dice que el sonido del huéhuetl "según Bernal Díaz del Castillo anunciaba los ataques suicidas de los guerreros aztecas".[41]

---

[37] Pérez de Arce, "Clasificación…"

[38] N. del E.: La arqueología ha mostrado la existencia de los tambores de cerámica.

[39] León-Portilla, "La música…",134.

[40] Konieczna Zawadzka, "Los instrumentos musicales…", 1-2.

[41] Martí, *Instrumentos musicales…,* 23.

Sahagún nos dice que en los areitos:

> Usaban de atambor y de tamboril: el atambor era
> alto, como hasta la cinta, de la manera de los de
> España en la cobertura: era el atamboril de madero
> hueco, tan grueso como un cuerpo de un hombre, y
> tan largo como tres palmos, unos poco más y otros
> poco menos, muy pintados. Usaban también unas
> sonajas de oro, y las mismas ahora usan de palo. Y
> usaban de unas conchas de tortuga hechas de oro,
> en que iban tañendo: y ahora las usan naturales de
> la misma tortuga.[42]

Podemos deducir que Sahagún se refiere al *huéhuetl* cuando menciona el atambor, y al *teponaztli* cuando menciona el atamboril.

Sahagún también nos dice que cuando comenzaba un areito ofrecían, además de otras cosas, flores al dios Huitzilopochili en su templo, colocadas en un plato grande de madera pintada, y luego procedían a hacerlo en otros templos. Continúa describiendo que en los altares y en el oratorio del que hacía la fiesta también ponían flores a media noche, adelante del *huéhuetl* y del *teponaztli*, en un estrado de heno que estaba delante de estos dos instrumentos. Las flores que ponían se llamaban *xochicózcatl* e *icpacxóchitl*, y luego ponían dos platos con dos cañas de perfumes encendidas. Una vez hecho esto, comenzaban a cantar, una o dos veces antes de que amaneciera, un canto que se llama *tlamelauhcáyotl*, otro llamado *uexotzincáyotl* y otro llamado *chalcacuícatl*. Cuando el areito acababa, enterraban cenizas y demás en el patio, diciendo las siguientes palabras: "Aquí habemos plantado *huitztli* y *yetl*.[43] De aquí nacerá la comida y bebida de nuestros hijos y nietos. No se perderá."[44] Aclara

---

[42] De Sahagún, "Capítulo IX. De los aderezos que los señores usan en sus areitos", *Historia general...*, 49.

[43] N. del E.: Espinas y tabaco.

[44] De Sahagún, "Capítulo VIII. De las ceremonias que hacía el que

Sahagún: "Querían decir que por virtud de aquella ofrenda sus hijos y nietos habían de ser prósperos en este mundo."[45] Después de esto, cantaban algunos cantares que se llamaban *anauacóyotl* o *xupancutcati* y bailaban una vez más con el *huehuetl* y el *teponactli*. Finalmente "Cuando comían, cesaba el baile y el canto: y por aquel día no había más."[46]

Conclusión

Como pudimos ver, los areitos eran una parte muy importante de la vida diaria de los antiguos pobladores de México-Tenochtitlán. Las personas que aparecen en la imagen del Libro IV se encuentran tocando sus instrumentos y danzando; ilustra la inclinación que tenían por la música los nacidos en el signo *Cexóchitl*. Además, existieron sacerdotes que resguardaban los instrumentos y atavíos de las festividades, así como los maestros que enseñaban a tañer, cantar y danzar. Los elementos que se encuentran en la imagen del Libro VIII fueron utilizados de igual manera en los bailes y músicas, aunque sólo se encuentren algunos pues, como mencionó Sahagún, existían varios y diversos atavíos, elegidos de acuerdo con la deidad festejada. Finalmente, los instrumentos musicales que utilizaron para los areitos también eran más de los que se ven en este trabajo.

Como conclusión, ahora podemos decir que las personas que aparecen en la figura del Libro IV danzan y tocan su *huéhuetl* y *teponaztli* porque su señor se los ordenó. También sabemos que son dos sacerdotes los que cuidan los atavíos e instrumentos musicales y enseñan en el *Mixcoacalli*, llamados: Ometochtli y Tlapitzcaltzin. Los instrumentos musicales y

---

hacía el banquete cuando comenzaban los cantores del areito, y lo que hacían por toda la noche" en *Historia general...*, 108-112.

45 *Ibid.*

46 *Ibid.*

atavíos se usaban en las celebraciones llamadas *cuextecáyotl,
tlaoancamextecáyotl, uexotzincáyotl* y *anaoacáyotl.* Y sobre los
instrumentos musicales sabemos su clasificación organológica
y características principales.

La danza, la música y el canto siempre estuvieron entrelazados,
no podían ser uno sin el otro; aunado a la concepción religiosa
que se daba a estos cantos y danzas. Cantaban, tañían y danzaban
para adorar a sus deidades.

A diferencia de nuestra concepción de danza y música,
concebimos ambas prácticas no para adorar dioses, sino para
"sentir"; tienen connotaciones artísticas y estéticas, pues de
acuerdo con Hans Joachim Moser:

> la estética es psicología de los sentidos, y más
> especialmente, en cuanto estética del arte, es la
> ciencia de los *efectos* artísticos, así como –en cuanto
> punto de partida propio de dichos efectos– de las
> *normas de la obra de arte;* y la estética de la música, que
> se sitúa al lado de las estéticas de las artes figurativas
> y de las demás 'artes elocutivas' (la poesía y las artes
> oratoria y escénica), concentra su atención en todas
> las partes del arte de los sonidos.[47]

Es decir, que en nuestra época se compone música para deleite
del público, para disfrutar sensorialmente lo que cierta música
puede producir en nuestros sentidos. Para Moser la estética de la
música no sólo implica estos aspectos, sino también "el aspecto
ideal e intelectual del arte de los sonidos, sobre su esencia íntima
y sobre los supuestos de toda audición musical, tanto de mero
goce como de crítica, como resultados de su efecto."[48] Esto puede
ser muy diferente a las intenciones que los antiguos pobladores
de México-Tenochtitlán tenían al interpretar sus instrumentos

---

[47]   Hans Joachim Moser, *Estética de la música,* (México: UTHEA, 1966), 2.
[48]   *Ibid.*

musicales, pues no sabemos si eran también para deleitar los sentidos además de adorar a las deidades.

Esto está muy lejos de las representaciones que se llevan a cabo actualmente en los lugares turísticos, pues es muy difícil saber las notas de la música que tocaban, así como los pasos que realizaban los danzantes. Actualmente no se ha encontrado (o tal vez no hemos descifrado) ningún documento en el que se indique un tipo de escritura musical o los pasos que realizaban los danzantes. Sin embargo, con documentos como los que dejó fray Bernardino de Sahagún podemos darnos una idea visual de lo que realizaban los mexicas y tlatelolcas en sus areitos, los instrumentos que tocaban, así como los atavíos que usaban. No puedo decir que Bernardino de Sahagún diga "toda la verdad", pero al menos nos da un panorama de lo que pudo haber pasado en los años previos a la conquista europea con relación a los elementos utilizados en los areitos.

Bibliografía

De Sahagún, Bernardino. *Historia general de las cosas de Nueva España*, Tomo I, México, 1829.

De Sahagún, Bernardino. *Historia general de las cosas de la Nueva España*. Barcelona: Linkgua, 2009.

Gran diccionario náhuatl [en línea]. Universidad Nacional Autónoma de México [Ciudad Universitaria, México D.F.]: 2012. Consultado el 16 de mayo de 2017: http://www.gdn.unam.mx

Hernández, Esther. *Vocabulario en lengua castellana y mexicana de Fray Alfonso de Molina*. Madrid: Centro Superior de Investigaciones Científicas, 1996.

Historia del Nuevo Mundo, "Los areitos". Consultado el 24 de mayo de 2016: http://www.historiadelnuevomundo.com/index.php/2011/11/los-areitos/

Konieczna Zawadzka, Barbara. "Los instrumentos musicales del México antiguo." *Suplemento Cultural El Tlacuache* 293, 6 de enero, 2008.

León-Portilla, Miguel. "La música en el universo de la cultura náhuatl", *Estudios de Cultura Náhuatl* 38 (2000): 130-155.

Madrid, Jaen. "Muestrario de instrumentos musicales prehispánicos", *+DEMX*. Consultado el 17 de abril de 2016: http://masdemx. com/2016/12/musica-ritual-indigenas/

Martí, Samuel. *Cantos, danza y música precortesiana*. México-Buenos Aires: Fondo de Cultura Económica, 1961.

Martí, Samuel. *Instrumentos musicales precortesianos*. México: Instituto Nacional de Antropología e Historia-EDIMEX, 1961.

Moser, Hans Joachim. *Estética de la música*. México: UTHEA, 1966.

Pareyón, Gabriel. "El teponaztli en la tradición musical mexica: apuntes sobre prosodia y rítmica". Ponencia presentada en II Foro Nacional sobre Música Mexicana: Los Instrumentos Musicales y su Imaginario, Ciudad de México, 28 de septiembre de 2005.

Pérez de Arce, José. "Clasificación Sachs-Hornbostel de instrumentos musicales: una revisión y aplicación desde la perspectiva americana." *SciELO, Revista Musical Chilena*. 67 (2013): Consultado el 24 de mayo de 2016: http://www.scielo.cl/scielo. php?pid=S0716-27902013000100003&script=sci_arttext

Pimentel, Guadalupe. *Sabiduría y cultura azteca*. México: Progreso, 2005.

Von Hornbostel, Erich Moritz y Sachs, Curt. *Systematik der Musikinstrumente*, 1914.

El resonar y participación social del ferrocarrilero mexicano (1946-1952)

Héctor Eduardo ALMARAZ MALDONADO

Introducción

El tema de los ferrocarrileros mexicanos ya ha sido abordado por diversos autores; este trabajo pretende mostrar el interior de aquellos hombres del riel, su vida y experiencias tanto en la lucha laboral, el devenir día a día, cómo vivían y qué hacían para adquirir un complemento en su economía. Las dos principales fuentes para el análisis e interpretación de este artículo son expedientes ubicados en el Archivo General de la Nación, donde se muestran las demandas del gremio; y por otro lado entrevistas a ex-ferrocarrileros, personas jubiladas de la tercera edad que laboraron en la hoy inexistente empresa Ferrocarriles Nacionales de México (FF.NN.M.). El periodo a tratar es el comprendido entre 1946 y 1952, que marcó el tiempo y espacio del gobierno del presidente Miguel Alemán Velasco.

El aporte que pretendo alcanzar es el acercamiento a la vida, a las experiencias y aspiraciones del ferrocarrilero mexicano, para intentar encontrar respuestas al por qué perdió prestigio y valor paulatinamente desde décadas atrás, llevando al gobierno a la privatización del sector, a pesar de ser uno de mucho valor para las necesidades básicas en México y, sobre todo, generador de economía para el país y sus trabajadores.

Un México moderno y desarrollado se vislumbró durante la presidencia de Miguel Alemán.[1] Con la industrialización pretendía llevar a buenos términos su administración, la cual tuvo lugar entre los años de 1946 a 1952. Pero, antes de entrar en esta materia, es necesario recapitular algunos aspectos destacados de sus antecesores.

La presidencia anterior a la de Alemán había tenido la Segunda Guerra Mundial como "telón de fondo";[2] y aunque en México no afectó directamente, sí causó cierto revuelo en la sociedad, así como en la política nacional. Al finalizar el conflicto bélico, la industrialización y modernidad opacaron a ciertos sectores importantes, trayendo consigo mayores demandas y movimientos obreros, ya que la política del Poder Ejecutivo optó por conceder prioridades a algunos inversionistas. Los extranjeros retornaron después de mucha inestabilidad política y económica, lo cual fue contraproducente para la economía interna; esto provocó estancamiento en sectores tan importantes como el de las comunicaciones, los transportes y la autosuficiencia alimenticia.

A pesar de los favoritismos en la política de Estado para beneficiar a nuevos sectores como el automotriz, el gobierno realizó un esfuerzo para impulsar a un grupo que podría considerarse "predilecto", debido a la lucha revolucionaria que inició en 1910 y el apoyo que brindó durante el conflicto. Ese actor fue el ferrocarrilero; sector que decayó gradualmente en lo laboral y, por lo tanto, en lo económico. Para la segunda mitad de los años 1940 requería una renovación en su estructura. En

---

[1] Primer presidente civil de la época posrevolucionaria mexicana. Contaba con estudios de Derecho por la Universidad Nacional Autónoma de México. Con su llegada al poder se rompió con la tradición militar, dando origen a una nueva etapa en la política nacional. Fue gobernador por su estado natal, Veracruz; también tuvo cargo como diputado federal, jefe de campaña del general Manuel Ávila Camacho, entre sus cargos más notables dentro de la política nacional.

[2] Daniel Cosío Villegas et al., *Historia mínima de México*, (México: Colegio de México, 1973), 53.

la década de los años 1930 y, todavía con Lázaro Cárdenas en el poder, se había lanzado el "programa de mejoramiento", en el cual se decidió que habría una administración obrera, con la intención de sanear, organizar y controlar las finanzas de los Ferrocarriles Nacionales. El programa por desgracia quedó sólo en un buen intento, pues no dio el resultado total proyectado; se buscó mejorar el manejo de equipo y el cuidado en instalaciones de trabajo, y con el presidente Ávila Camacho al frente del Ejecutivo esto mejoró en ciertos aspectos, incluso en las condiciones laborales, siendo la *modernización* el parteaguas y pretexto para hacerlo.[3] Pero internamente los problemas crecieron de forma tal que, por mayor apoyo del gobierno, difícilmente se alcanzaría una mejor calidad en el servicio y el buen uso y control de las herramientas de trabajo.[4]

La anterior es una de las razones por las que el sector ferrocarrilero agudizó su problemática interna: "el motivo de las perturbaciones durante Ávila fue el conflicto intergremial [*sic*] entre las organizaciones gremialistas y las direcciones del Sindicato de Trabajadores Ferrocarrileros de la Revolución Mexicana".[5]

---

[3]   En el sexenio de Manuel Ávila Camacho se buscó la reorganización de la empresa. Se nombró al general Enrique Estrada como gerente del Consejo de la Administración de los Ferrocarriles Nacionales y como sub-gerente a Pablo M. Hernández, un hombre experimentando para temas ferroviarios, en comparación con Estrada, que a pesar de ser ingeniero no logró adaptarse al puesto. Estrada lanzó un plan que buscaba sanear las finanzas de los FF.NN.M., solicitó apoyo del gobierno federal, para lo cual se proyectaron entre $160 a $260,000,000 de pesos para la recuperación absoluta de la empresa, pero señaló en un informe que no serviría de nada hacer uso de los fondos si antes no se hacía una limpieza general, así como la disminución del déficit, adecuando la planilla laboral y mejorando el orden en el interior de la empresa. Según Arturo Valencia, *El descarrilamiento de un sueño. Historia de los ferrocarriles nacionales de México, 1920-1949*, (México: Colegio de México, 2015), 110-113.

[4]   Rafael Loyola, *El ocaso del radicalismo revolucionario. Ferrocarrileros y petroleros: 1938-1947*, (México: Universidad Nacional Autónoma de México, 1991), 83-87.

[5]   *Ibid.*, 154-158.

Al tomar Miguel Alemán la investidura presidencial su política buscó corregir los sinsabores que había sufrido la economía mexicana en todos los sectores en las últimas dos décadas, por lo menos. Su visión apostó por impulsar los motores que condujeran a la riqueza e igualdad social a través de la industrialización y *modernización* de México, pero, al mismo tiempo, su gobierno optó por un reparto agrario precario, el cual no propició el desarrollo deseado.

El sueño lució, en un principio, algo benéfico para muchos, ya que el crecimiento nacional se vislumbró gracias a una infraestructura renovadora, por ejemplo: caminos de asfalto, carreteras, construcción de presas, zonas habitacionales y escuelas. La construcción de la Ciudad Universitaria (CU) fue sin duda la obra de mayor calado en su administración. El papel del gobierno como parte fundamental, y quien tenía la autoridad de muchos sectores, entre ellos el de los Ferrocarriles Nacionales de México, siguió teniendo el control de la mayor parte de las industrias, aunque prefirió desligarse de muchas de las responsabilidades, lo que causó una disputa ya no sólo interna como tenemos el caso de los FF.NN.M., sino ahora entre agremiados junto a su sindicato contra el gobierno en turno. Se convirtieron en un obstáculo para esta política modernizadora.

Con la reforma agraria frenada y con movimientos obreros relegados, se iniciaría una etapa de protestas, luchas y demandas laborales. Únicamente se valió de los líderes sindicales para la gestión de ciertas necesidades, pero no en su totalidad y sólo sobrellevarlos, siendo la constante a lo largo de su administración.

Por lo tanto, se puede observar que la visión alemanista no fue lo suficientemente eficaz para desarrollar una política laboral que promoviera el desarrollo y avance económico de los obreros mexicanos.[6]

---

[6] Cosío et al., *Historia mínima…*, 152-154.

Los ferrocarrileros y sus altibajos

Como ya dije antes, el tema central está basado en estudiar dos fuentes históricas: una por medio de archivo y la otra por tradición oral. La primera lleva a las demandas del gremio ferroviario, las cuales se realizaron a través del Sindicato de Trabajadores Ferrocarrileros de la Revolución Mexicana (STFRM)[7] y gestionadas a la Presidencia de la República.[8]

Con el paso de los años este sector se vio envuelto en una serie de conflictos labores y disputas contra el gobierno. Eso ocasionó la disminución paulatina de recursos económicos y materiales que permitieran una forma de vivir más adecuada y mejores condiciones al trabajador ferroviario, por ejemplo: en 1948, el 14% de la plantilla laboral era apta para recibir jubilación, pero, debido al poco pago en las pensiones, permanecía en la fuente de trabajo.

En lo relacionado a la fuente oral, se cuenta con el apoyo de tres ex-trabajadores de FF.NN.M., por lo que se busca presentar parte de sus experiencias de vida; lo que significó para ellos el trabajar en dicha empresa. Ésta, sin duda, dio mucho para miles de familias mexicanas ligadas al sector ferroviario en todo aspecto. Al final se podrá contrastar los dos lados de la moneda, es decir, tanto la vida laboral, las demandas y la lucha sindical, como su vida fuera del trabajo que terminó ligada al medio ferroviario.

La industria ferroviaria mexicana, *grosso modo,* alcanzó desde los años treinta del siglo XX su etapa máxima de

---

[7] Este sindicato evolucionó de lo que fueron grupos ferrocarrileros, entre los que destacan: la Unión de Mecánicos de Puebla (1900), Hermanos Caldereros Mexicanos (1904) y la Unión de Forjadores (1906). El año 1933 marcó el inicio del sindicato ferrocarrilero, el cual tenía 24 secciones y 158,000 agremiados para 1940.

[8] Las respuestas a dichas demandas no aparecen en los expedientes revisados. Falta investigar con mayor detalle en el mismo Archivo General de la Nación, ya que para este artículo sólo se consiguieron las demandas presentadas al Poder Ejecutivo a través del Sindicato Ferrocarrilero pero sin saber cuáles fueron los resultados.

crecimiento en cuanto a construcción de vías, vagones, herramientas y estructura. Posterior a la década del cuarenta comenzó el estancamiento de la industria ferrocarrilera en México, a pesar de los intentos por mejorarla. Por un lado, la misma empresa no supo renovarse, por otro, la ineficiencia del gobierno para administrar los ferrocarriles nacionales, el nulo interés extranjero por recuperar la administración de la empresa y la escasa productividad de ciertos grupos de ferrocarrileros provocaron una baja de recursos económicos considerable, y alza en el gasto y mantenimiento, haciéndola poco a poco incosteable. Estas son sólo algunas de las discrepancias que enfrentó el sexenio alemanista con respecto al sector ferrocarrilero que era controlado por el gobierno desde el porfiriato.[9]

Ciertos sectores dentro del escalafón de los FF.NN.M. gozaron de mejores prestaciones en relación con otros de menor jerarquía, colocando a algunos trabajadores dentro de los mejores pagados de México: "Tuvo prestaciones mucho mejores que todas las de los trabajadores mexicanos de otros ramos".[10] Con esto podría determinarse si el gremio ferrocarrilero influyó económicamente como un sector activo y partícipe que gastaba su ingreso en esparcimiento durante su tiempo libre, en contraste con otros sectores obreros marginados, o si vivían al día con la mayor dignidad posible.

De lo anterior se derivan las muchas preguntas que guían este trabajo. Entre otras: ¿Quiénes son los ferrocarrileros que hacían demandas al gobierno alemanista?, ¿Cómo se desenvolvieron en el plano comercial y social?, ¿Eran válidas sus demandas a pesar de la ineficiencia laboral prevaleciente?

---

[9]   Valencia, *El descarrilamiento...*, 21-22.

[10] Rafael Loyola, *El ocaso del radicalismo revolucionario. Ferrocarrileros y petroleros: 1938-1947.* (México: UNAM, 1991), 87.

¿Qué se ha estudiado sobre los ferrocarrileros en México?

Mucho se ha estudiado y explicado sobre los ferrocarrileros en México, sin duda. Los autores que han trabajado el tema han profundizado sobremanera los aspectos económico y político principalmente y, aunque hay trabajos relacionados a historia social y vida cotidiana, son los menos. Los estudios sobre el gremio ferrocarrilero mexicano y la empresa Ferrocarriles Nacionales de México durante el siglo XX son amplios, abarcan desde sus inicios a mediados del siglo XIX. El ferrocarril se impulsó primeramente con el presidente Benito Juárez y luego durante el periodo del porfiriato, etapa con más auge e inversión, pasando por la Revolución y posrevolución mexicana y, finalmente, en el México moderno con la privatización de los FF.NN.M. promovida por el presidente Ernesto Zedillo a finales del siglo XX.

Por ejemplo: Carlos Villafuerte escribió la obra que lleva por título *Ferrocarrileros*. Se realizó bajo el patrocinio de la Nacional Financiera en 1959, siendo uno de los trabajos más cercanos al periodo que se pretende analizar; aborda el aspecto económico del sector ferrocarrilero en la época de los cincuenta del siglo XX. Cuenta con un apartado que explica la vida cotidiana del ferrocarrilero.

Sergio Ortiz Hernán escribió en 1974 un libro que lleva por nombre *Los ferrocarriles de México. Una visión social y económica*. Una investigación completa sobre la situación económica y social de México, durante el siglo XIX, vinculada a los ferrocarrileros. "El salto al presente", tal como lo llama Ortiz, es el paso al siglo XX, de modernización e industrialización; es hasta 1972 el periodo que abarcó en su investigación. Es un trabajo documental de archivo, usa estadísticas de la Secretaría de Comunicaciones y Trasportes, publicaciones del siglo XIX y del XX, y revisa aspectos de ideología política.

Rafael Loyola Díaz publicó en 1991 el libro *El ocaso del radicalismo revolucionario. Ferrocarrileros y petroleros: 1938-1947.*

Analiza los aspectos económico y político, y su estudio se centra en dos empresas paraestatales: por un lado, los ferrocarriles y por el otro los petroleros; sus problemáticas internas, el conflicto intergremial, sus sindicatos y cómo el Estado interpone condiciones para cada sector en particular.

Por otro lado, Sandra Kuntz Ficker, experta en la investigación del ferrocarril en México, tiene como eje central el estudio del porfiriato hasta la primera mitad del siglo XX. Junto con Paolo Ruguzzi escribió *Ferrocarriles y vida económica en México 1850-1950. Del surgimiento tardío al decaimiento precoz*, en 1996. Es un estudio que busca encontrar respuesta al aspecto económico principalmente, es decir, lo relacionado a tarifas y costos que se pagaban por el servicio ferroviario (como medio de trasporte de carga y pasajeros) desde su construcción y apogeo durante el régimen porfirista.

Arturo Valencia nos presenta en su tesis doctoral, *El descarrilamiento de un sueño* (2015), un panorama interesante. Aborda principalmente los aspectos empresarial, laboral y financiero; pretende analizar el por qué del fracaso de los Nacionales de México. Los temas que destaca son: la gran empresa hegemónica de México de la primera mitad del siglo XX, la expropiación, sus deudas, los trabajadores como agremiados, el sindicalismo. Sus conclusiones son que la crisis arrastrada y el desmantelamiento gradual en los Ferrocarriles Nacionales fue lo que llevó al fracaso a una de las empresas más importantes de México, manejada por el Estado durante gran parte del siglo XX.

Como se aprecia, el balance indica un mayor número de trabajos relacionados al aspecto económico, político y laboral dentro de los FF.NN.M.

Algo de lo que se ha dicho

Miles de hombres surgieron de diversas partes de México para forjarse una "mejor vida" en un país donde la educación, para los años cuarenta y cincuenta del siglo XX, no figuraba como algo obligado y menos necesario. Es así como muchos ferrocarrileros mexicanos aparecen provenientes de rancherías, pueblos, incluso ciudades, los cuales apostaron todo para buscar un lugar de trabajo digno en el sector ferroviario, obteniendo el puesto que fuese. Y que terminó en provocar un fenómeno migratorio en la población, y una mezcla cultural compleja que, para muchos, pasa desapercibida, por ejemplo: aquel hombre que nació en Guanajuato terminó habitando en el Estado de México y el de Guadalajara en Michoacán, según su área de trabajo. Así miles de casos de familias que migraron por mantener su fuente de trabajo.

En este mismo sentido de la movilidad por parte de los trabajadores de la vía y sus familias, existieron en los Ferrocarriles Nacionales las llamadas cuadrillas, y hacia los años 1960 se les llamó *carros campamento*, que estaban conformadas por un mayordomo y 25 personas más. Esas cuadrillas se encargaban de hacer reparaciones de vía, de alambres, poner y reparar durmientes, mover y reparar tramos de vía, trabajo que era repartido según el puesto de cada uno. Las cuadrillas se utilizaron a lo largo y ancho de las vías de México, estaban subdivididas de acuerdo con las vías del país, entre ellas, el ferrocarril central mexicano y el nacional; y según la construcción de las vías anchas del tren interoceánico y de Veracruz-Alvarado, durante el sexenio alemanista. El ingrediente extra era que se tenía un carro o vagón de tren exclusivo para albergar a dos familias completas; contaban con un cuarto, cocina, regadera: una verdadera vida nómada como lo expresa el Sr. Humberto Prado V. hijo de exferrocarrilero[11] y ferrocarrilero jubilado.[12]

---

[11] Su padre, don Tereso Prado C., trabajó 39 años y 8 meses en FF.NN.M., desde la década de 1940, su puesto fue oficial tubero (perforación de pozos). Su esposa doña Mari fue coordinadora voluntaria de los FF.NN.M., apoyó en la comunidad de Huehuetoca con alimentos y juguetes para los niños en representación del líder sindical ferrocarrilero Gómez Zepeda.

[12] Entrevista con don Humberto Prado V., el día 4 de octubre de

Otro testimonio en el tren es el que expresa el Sr. Ernesto Pintor, quien concedió la oportunidad de ingresar a su morada y contar su experiencia en los Nacionales de México. Únicamente estudió hasta el tercer grado de primaria en su natal Ciudad Altamira, Estado de Tamaulipas. Don Ernesto provenía de una familia de ferrocarrileros y decidió unirse a FF.NN.M. en la década de 1950, ya que trabajar como campesino era sinónimo de mala paga; en cambio, pertenecer al

Fig. 1.
AGUSTÍN VÍCTOR CASASOLA, 1874-1928
Luis Gómez Zepeda[61] acompañado por tehuanas durante un banquete, ca. 1950.
Plata sobre gelatina, 10.2 - 12.7 cm
Fototeca Nacional, INAH
https://mediateca.inah.gob.
mx/islandora_74/islandora/
object/fotografia%3A409398

2018, a las 16:30 horas de la tarde. Trabajó en el Departamento de Control y Retiro de Bienes. Nació y vivió en un carro campamento. Entrevistado por Mariana Pérez y Héctor Almaraz, realizada en su hogar (carro campamento que adquirió su familia en 1976 por parte de los FF.NN.M., el cual es aun habitable en el presente, pieza casi única en México), Barrio San Bartolo, en Huehuetoca, Estado de México.

[13] Dentro de los acontecimientos que marcaron la vida de los agremiados al STFRM, destaca la aspiración de Gómez Zepeda, aún como líder ferrocarrilero, a la dirigencia de la CTM tras la salida de Vicente Lombardo Toledano, a lo que miembros fuertes de dicha confederación estuvieron en desacuerdo. Gómez denunció la imposición de Fernando Amilpa y tras este hecho el líder ferrocarrilero rompió cualquier relación entre el STFRM y la CTM, provocando una desbandada de gremios que lo apoyaron; destacaron el minero, el electricista y el petrolero. Dichos sectores conformaron la Central Única de Trabajadores (CUT) en 1947. De esta manera la izquierda sindical dejó camino libre al sector más conservador para tener control de la CTM. Esto provocó el fortalecimiento en la relación Estado-CTM.

gremio ferroviario, daba la capacidad de solvencia económica y vivir en condiciones dignas.[14]

También está el caso de aquellos que dicen lo contrario, ya que sólo subsistían como podían. Y su demanda expresa lo siguiente:

> la Unión de Ferrocarrileros Jubilados, solicita el apoyo de obtener terrenos o granjas, como se realizó con aquel sector militar que participó en la revolución, ya que los dichos ferrocarrileros están mutilados o incapacitados para ejercer su especialidad. Por tanto, viven en condiciones precarias. Solicitud gestionada por el Secretario General del STFRM, el señor Jesús Díaz de León.[15]

Hubo otros trabajadores que gozaron la fortuna de ser favorecidos por allegarse a los altos mandos de gobierno, quienes

---

En enero de 1948, la gestión de Gómez Zepeda junto con Valentín Campa del Sindicato Ferrocarrilero terminó. Alguien muy cercano a los últimos líderes ferrocarrileros tomaría el control del sindicato: fue Jesús Díaz de León, "el charro", apodado así por su gusto a la charrería y los caballos. Un hombre que una vez que tomó posesión de su cargo denunció, ante la Procuraduría de Justicia del Distrito Federal, irregularidades en la contabilidad saliente por $ 600,000, lo cual llevó a la cárcel a todo el Comité Ejecutivo de los Ferrocarrileros. Con esta acción se logró contener de cierta forma al gremio ferrocarrilero; y también a partir de estos hechos el "charrismo," como se le comenzó a llamar, fue la forma de persuasión del gobierno hacia los sindicatos, por medio de sus líderes.

[14] Entrevista con don Ernesto Pintor, por Sandra Alcántara y Héctor Almaraz, realizada en la antigua estación de tren de Huehuetoca, Estado de México, el día 11 de octubre de 2018, a las 14:00 horas de la tarde. Don Ernesto trabajó como reparador de vía cuando las locomotoras eran aun de vapor tipo Niágara, máquinas usadas que compró FF.NN.M a los Estados Unidos en la década de 1940, última serie de máquinas de vapor empleadas antes de pasar a las de diesel, estas últimas incorporadas a la vía mexicana a partir de la década de 1960.

[15] Sobre el tema de jubilados y su petición véase en el Archivo General de la Nación, Fondo Miguel Alemán, caja 9, expediente 111/74.

aprovecharon su influencia para buscar mejores puestos de trabajo o una mejor remuneración. Por ejemplo, está el caso de Maclovio A. Piña, quien era presidente de la Asociación Civil de la colonia Ferrocarrilera "Héroes de Nacozari" y ferrocarrilero agremiado; solicitó y sugirió al presidente Alemán un nuevo puesto dentro de su gabinete, que pudiera servir para gestionar el problema en relación con la colonia ferrocarrilera. Piña aludía una buena relación con el presidente. También en su solicitud aclara que, para recibir el nuevo puesto, éste debía tener salario igual o superior a $1,250, para realmente poder dejar su trabajo actual. Esto sucedió a mediados del año de 1948.[16]

En los departamentos de FF.NN.M. existieron diferentes tabuladores sobre salarios. Es importante señalar que los trabajadores tenían diferentes capacidades e intelectos, según el departamento. Con esto se pretende mostrar que aquellos ferrocarrileros que reclamaban mejoras salariales, tanto administrativas y de campo, eran distintos en su manera de pensar; y no se puede generalizar sobre sus capacidades. Una diversidad de mentalidades eran las que concurrían en los puestos de trabajo. Por lo tanto, distintas voces sonaron, unas con intenciones que buscaban mejoras para todo el gremio ferroviario y otras que sólo buscaban los intereses personales o de unas cuantas personas.

Cabe señalar que los ferrocarrileros contaban con un sindicato fuerte, por lo que sus líderes pugnaban por contribuir en favor de sus agremiados, en el mejor de los casos. Así, es complejo inclinarse hacia un lado de la balanza y saber si las

---

[16] El conflicto de la colonia ferrocarrilera se venía gestando desde el sexenio de Manuel Ávila Camacho, tiempo en el que se les prometió terrenos en la Villa Gustavo A. Madero, a un precio de $1.25 pesos mexicanos el metro cuadrado. Pero hacia 1946, fin del sexenio, no se les entregó dichos terrenos y para 1951 el problema no tenía una solución clara; entonces los terrenos se cotizaban en $3.00 el metro cuadrado. Los ferrocarrileros estaban en desacuerdo y luchaban y exigían que se les entregaran y se respetara el precio prometido. Véase en el Archivo General de la Nación, Fondo Miguel Alemán Valdés, caja 880, expediente 950/7885.

demandas de los trabajadores eran válidas y, sobre todo, justas. Lo que sí influía era cómo se tomaba dicha demanda dentro del SNTFRM y cómo se le daba solución, para de ahí ser peleada ante la empresa o incluso hasta instancias como el mismo presidente de la República. Un trabajo de investigación posterior podría dar respuesta a los señalamientos anteriores.

Tener entradas económicas según el comercio también fue esencial para mucha gente, tanto directa como indirectamente al ferrocarrilero mexicano. Es decir, el desenvolvimiento y astucia de los trabajadores les permitió tener entradas extras a lo percibido en su salario. El caso de don Jaime Hernández,[17] un ex-ferrocarrilero jubilado, señala que los vecinos fueron beneficiados del comercio formal e informal generado en las estaciones del tren cuando aún era de pasajeros. Se comercializaban semillas provenientes de la ciudad de México y otros puntos de la república. Se vendían animales vivos, como armadillo, pericos y aves en general, marranos, conejos. Comida ya hecha se vendía a las afueras de la sala de espera del tren: garnachas, gorditas, enchiladas y, no podía faltar; el pulque,[18] la cerveza, el alcohol de caña o cualquier bebida según la región. Todo lo anterior era trasportado en los mismos vagones del tren. Los propios vendedores se subían al tren o provenían de cierta región y se trasladaban a otra para la venta:

> El ferrocarril para mí fue una fuente de sostén, el ferrocarril me dio mucho, me dio casa, me dio de comer, mi familia está bien agradecida con Ferrocarriles, a pesar que mis hijos no quisieron

---

[17] Entrevista con don Jaime Hernández por Mariana Pérez y Héctor Almaraz, realizada en la antigua estación de tren de Huehuetoca, Estado de México, el día 11 de octubre de 2018, a las 14:38 horas de la tarde.

[18] Entrevista con don Ernesto Pintor: "el litro de pulque costaba 10 centavos de peso desde la década de 1950 hasta la de 1970". Comenta que el pulque era "muy socorrido y trasportado en vagones". 11 de octubre de 2018.

ser ferrocarrileros. Yo ganaba $12 pesos diarios, se ganaba bien, ya que un campesino ganaba $8 pesos. En el ferrocarril conocí a la que fue mi esposa, la conocí en la cuadrilla y me la robé en 1957.[19]

Como ya se mencionó, líneas arriba, no todos corrían la misma fortuna. Hubo ferrocarrileros que padecieron una situación compleja, donde su salud se vio afectada, como fue el caso de los trabajadores del sur de la República Mexicana; varios de ellos adquirieron la enfermedad del paludismo ya que esta enfermedad se contraía en ambientes húmedos, calientes y con bruma, lo que complicaba aún más la realización del trabajo. Un grupo de enfermos se trasladó a la ciudad de México para ser atendido en el hospital de Tlalpan. Su demanda fue que los atendieran a la brevedad, ya que la atención no era la adecuada y mucho menos de emergencia a pesar de dicha enfermedad.[20]

Para cerrar, lanzo la pregunta: ¿realmente el ferrocarrilero mexicano de los cincuenta estaba en condiciones de exigir a su patrón las demandas ya presentadas y obtener respuestas favorables e inmediatas, o el patrón en condiciones de hacer caso omiso a las mismas?

Primero es importante hablar de lo relacionado con los sitios e instrumentos de trabajo con los que contaba el gremio ferrocarrilero de este periodo. Esto permite conocer las actividades que hacían, poder repensar la pregunta y darle una respuesta equitativa y justa. Los vagones y las locomotoras podrían considerarse lo más elemental para el ferrocarrilero como sus principales instrumentos. Sin embargo, existieron muchos otros objetos y sitios, como eran: los talleres, las oficinas, las estaciones y zonas de resguardo de trenes. Para la década de 1940, y tras la Segunda Guerra Mundial, estos

---

[19] Entrevista a don Ernesto Pintor, realizada el día 11 de octubre de 2018.

[20] Archivo General de la Nación, Fondo Miguel Alemán, expediente número 462.3/203 y caja 408.

instrumentos y sitios fueron exageradamente utilizados; estaban deteriorados debido a su casi nulo mantenimiento. Por ejemplo: las locomotoras de vapor carecían de velocidad óptima para correr, había terraplenes erosionados, puentes sin reparar, trenes de carga obsoletos y locomotoras de hasta 40 años de servicio.

Ante este panorama la administración alemanista realizó un estudio a través de una comisión con la finalidad de descubrir los males a los que se enfrentaban los Ferrocarriles Nacionales. Ciertos voceros de la comisión expresaron su descontento en contra de los obreros, acusándoles de ineficaces en el servicio, por lo que solicitaron al Estado respuestas que pusieran orden. También se llegó a plantear la idea de entregar la empresa a la iniciativa privada.

Entre 1946 y 1947 se comenzó la rehabilitación de las líneas de los FF.NN.M. Se remodelaron estaciones, terminales, talleres, trenes, locomotoras y hasta equipo de comunicación. Y, teniendo como marco la industrialización en México, se realizó la construcción de las vías anchas del tren interoceánico: fueron 430 kilómetros de vías lo que se extendió en los primeros dos años de gestión alemanista.

¿Fueron justificadas las acusaciones a los trabajadores como culpables del casi desmantelamiento de los FF. NN. M. por aquellos voceros? Es probable que fueran erróneas. Ya que en cada área se debió manejar de diferente manera las problemáticas y situaciones. Por lo tanto, es difícil saberlo sin mayor documentación ni reflexión. Por ejemplo, don Ernesto Pintor cuenta que sí existieron errores laborales que costaron accidentes. Uno de los puestos que alcanzó a desempeñar fue como operador de grúa y estando en funciones llegó él mismo a causar accidentes, aunque no de manera intencionada. También hubo choques de grúas, donde compañeros perdieron algún miembro del cuerpo o, en otros casos, hasta la vida. Es decir, muy probablemente la ineficacia sí existió dentro del gremio ferroviario; en algunos casos debió haberse consentido por los jefes inmediatos y en otros, como lo comenta don Ernesto, se debió al error no intencional ni a querer lastimar.[21] Habría que ir más al fondo de la ineficacia laboral en un estudio posterior.

Conclusiones

Miguel Alemán optó por la industrialización, y hacer de su imagen una figura pública, como nunca antes se había visto en el país. Su posición con los rieleros fue áspera, distante y de imposiciones; los líderes sindicales fueron intermediarios entre Estado y gremio. Considero que los ferrocarrileros resintieron el desplazamiento por parte del gobierno cuando en el panorama industrializador parecía que el desarrollo llegaría para todos los sectores de México; pensaron que la oportunidad era inminente para alcanzar un estatus diferente, es decir, mejoras en las condiciones laborales y personales. Esto provocó, hasta cierto punto, la ineficiencia y poco interés laboral para muchos de esos trabajadores. De esta manera remaron contra corriente ante las políticas y decisiones impuestas por el gobierno, por lo que sus solicitudes y demandas, por medio del sindicato, no fueron prioridad en la agenda presidencial.

Los apoyos e inversiones que se hicieron en el sector ferroviario no cubrieron las necesidades más elementales de vida de hombres y mujeres. Familias enteras padecieron el rigor político con la llegada del presidente veracruzano. La apuesta a la modernidad e industrialización no previó aspectos y errores del pasado, como lo eran la modernización y mantenimiento de las vías férreas en su totalidad, ya que el presidente Alemán sí construyó parte de las vías anchas, pero hubo otras áreas donde no se trabajó en recuperarlas y sanearlas.

El Estado benefactor creyó tener el control y administración de los FF.NN.M. en "óptimas" condiciones, a pesar de las demandas laborales de los trabajadores a las cuales no se les hizo

---

[21] Entrevista a don Ernesto Pintor, realizada el día 11 de octubre de 2018.

caso; provocando carencias, sed de lucha, rezago laboral, por lo que algunos de estos ferrocarrileros optaron por buscar otras maneras de vivir, siendo el comercio una opción a su situación económica. Don Jaime Hernández señala que la comunidad de Huehuetoca, en el Estado de México, se benefició gracias al aprovechamiento de la barredura de semilla, ya que cuando se realizaba la descarga de los vagones en la estación, un exceso de semillas de trigo, maíz, sorgo, mijo, entre otras, quedaba regada en los furgones, así que, al barrer los mismos, una buena cantidad de semillas era aprovechada y comercializada entre los vecinos.[22]

El comercio realizado a lo largo y ancho de las vías de ferrocarril permitió a ferrocarrileros, y comunidades en general, desarrollar e impulsar la economía. Cabe aclarar que para este trabajo se recabó información perteneciente al estado de México y sus alrededores, sin embargo, es probable que en buena parte de la República Mexicana ese fenómeno comercial se vivió intensamente. Astucia, actitud de trabajo y humildad son adjetivos propios para destacar a un grupo de hombres que a lo largo del siglo XX forjaron una forma y estilo de vida. Luchas sindicales, peticiones y demandas, por un lado; pero, por otro, actitud de comerciantes al más puro estilo mexicano por una vida más digna. Honor a quien honor merece.

El trabajo que se realizó en la paraestatal careció de calidad, eficiencia y hasta de responsabilidad; aspectos que ni gobierno, ni sindicato, ni trabajadores, resolvieron a tiempo. Otros distractores fueron las luchas laborales y apoyos a otros gremios, entre los que destacan: los telefonistas, petroleros y electricistas. Pero también la falta de orden y control social por parte del gobierno propició un letargo de la sociedad, la cual fomentó la lentitud y poco interés para valorar y mantener sus fuentes de trabajo.

Creo que los mismos ferroviarios decayeron también laboralmente por la sobrestimación y conformismo en su trabajo, que les llevó a verse en las condiciones deplorables a las

---

[22] Entrevista con don Jaime Hernández realizada el 11 de octubre de 2018.

que llegaron hacia 1952, al término del sexenio alemanista. Su situación salarial no puede considerarse la mejor, pero tampoco la peor, porque a pesar de no haber sido el sector mejor pagado de la época, tuvo prestaciones mucho mejores, según el escalafón, en relación con el obrero mexicano promedio de esa época.

En lo que son las demandas y los relatos de los ex-trabajadores jubilados se observa un panorama y punto de vista distinto uno del otro, mientras que en las demandas sólo exigen al gobierno que les dé dinero, mejores condiciones de trabajo, mejores herramientas o incluso, le piden que les apoye para su fiesta navideña y de fin de año con juguetes y dulces para sus hijos. En el otro lado de la moneda se observa hombres agradecidos con la empresa y que, sin la misma no hubieran alcanzado el nivel de vida que ofrecieron a sus familias. Tampoco podemos generalizar que todos los jubilados que tienen la fortuna de vivir piensen de la misma manera y, sobre todo, estar agradecidos.

Han pasado cerca de setenta años desde que México apostó por la modernización en industrialización por parte del primer gobierno civil en manos del licenciado Miguel Alemán Velasco. Ferrocarriles Nacionales de México, por otro lado, dejó de existir por decisión gubernamental, pero aún hay voces que nos pueden compartir sus experiencias y nos permita valorar y reflexionar para tener un criterio propio a partir de estas historias contadas.

Archivo consultado

Archivo General de la Nación. (AGN), Fondo de presidentes: Miguel Alemán.

Bibliografía

Cosío Villegas, Daniel et al. *Historia mínima de México*. México: El Colegio de México, 1973.

Loyola, Rafael. *El ocaso del radicalismo revolucionario. Ferrocarrileros y petroleros: 1938-1947.* México: Universidad Nacional Autónoma de México, 1991.

Ortiz Hernán, Sergio. *Los ferrocarriles de México. Una visión social y económica.* México: Ferrocarriles Nacionales de México-Universidad Nacional Autónoma de México, 2ª. Ed, 1987.

Kuntz, Sandra, y Ruguzzi, Paolo, coords. *Ferrocarriles y vida económica en México 1850-1950. Del surgimiento tardío al decaimiento precoz.* México: El Colegio Mexiquense-UAM-Xochimilco-Ferrocarriles Nacionales de México, 1996.

Valencia Islas, Arturo. *El descarrilamiento de un sueño. Historia de los ferrocarriles nacionales de México, 1920-1949.* México: El Colegio de México, 2015.

Villafuerte, Carlos. *Ferrocarriles.* México: La Nacional Financiera, 1959.

Las obras del desagüe en la Ciudad de México durante el Porfiriato. Un estudio de caso de sobornos (1884-1900)

Ricardo Andrés Alfaro Mancera

Introducción

El presente análisis se ubica temporalmente al conformarse la Junta Directiva del Desagüe del Valle de México en 1884 y termina en 1900, cuando concluyó oficialmente la obra del desagüe. Esto permitirá conocer los actos de soborno llevados a cabo durante el gobierno de Porfirio Díaz en dichas obras de la ciudad de México. A partir de la conformación de la Junta Directiva del Desagüe del Valle de México en 1884 las preguntas eje del tema de investigación son: ¿Hubo compra-venta o intercambio de bienes y servicios por parte de las empresas extranjeras y nacionales para ganar las convocatorias públicas de adjudicación de la obra de desagüe? ¿Es posible conocer en qué consistieron los actos de soborno? ¿Quiénes fueron los actores de esta corrupción? ¿Qué papel jugó la Junta Directiva en el proceso de soborno de dicha obra? ¿Cómo se articuló la malversación de fondos públicos en la obra del desagüe de la ciudad de México? ¿Es posible cuantificar el costo económico y técnico de la desviación de fondos públicos en las obras del desagüe de 1884 a 1900?

Con el presente estudio pretendo aportar el análisis histórico de un problema de soborno y comercio en las obras del desagüe "donde los historiadores han contribuido casi nada a la discusión académica".[1]

El trabajo está estructurado con una introducción, donde además de explicar la organización del texto ofrezco un concepto de corrupción y soborno. En seguida, se hallan los antecedentes del desagüe durante el siglo XIX, donde hago una síntesis de las acciones más destacadas en torno al plan de desagüe previo al proyecto de Porfirio Díaz. A continuación, expongo dicho proyecto del presidente Díaz y las situaciones que rodearon el plan. En el siguiente apartado hablo sobre la labor de la Junta Directiva del Desagüe y los personajes más destacados que la conformaron, para terminar con una conclusión general. Finalmente, se hallan los documentos históricos y la bibliografía utilizados en la labor de investigación.

Como lo dije antes, resulta importante explicar la idea de corrupción y soborno en la temporalidad de la investigación. Corrupción es una palabra castellana de origen latino, *corruptio*, que significa destruir, enturbiar, sobornar, así como el uso de funciones y medios de las organizaciones públicas en provecho económico, comercial o de otra índole por parte de los gestores. La corrupción política es el abuso de la autoridad pública para un beneficio privado. Puede tener diferentes vertientes, entre ellas el peculado o la malversación de fondos públicos, el enriquecimiento ilícito, el tráfico de influencias, el soborno mismo. Sin embargo, medir o exponer estos actos resulta controvertido pues se trata de mostrar lo inobservable ya que difícilmente habrá evidencia de esto. Lo único observable son las consecuencias de lo hecho como una obra pública de baja calidad o precios inflados. La corrupción se vincula con las relaciones entre la organización formal e institucional de la vida política y económica de México, así como los valores éticos y culturales de la sociedad. En el caso presente se trata particularmente de una corrupción técnica que

---

[1]   Sergio Miranda Pacheco, *La historia urbana en México* (México, Universidad Nacional Autónoma de México, 2012), 34.

implica la contravención de las leyes formales del país, realizada por medio de transacciones ilegales de servicios económicos, de favores personales, de nepotismo, etcétera.[2]

Se puede ver que la definición es amplia, pero nos podemos restringir a que "durante el Porfiriato el concepto de corrupción estaba más bien asociado a una idea de soborno e implicó el uso del servicio público para obtener beneficios materiales; siendo el soborno una forma específica pero común de corrupción, y se trató de un intercambio comercial entre dos o más actores".[3] Para que una decisión o proceso sea sujeto de soborno debe tener un valor económico para el cliente potencial; por ejemplo, si las personas o empresas necesitan obtener certificados o licencias para participar y promover una actividad económica o comercial, la decisión del funcionario público relacionado con dicha licitación cobra un valor económico para el cliente.

Existieron diversos factores que pudieron promover la incidencia de actos de corrupción o soborno en el sector público durante el Porfiriato; por ejemplo, la inexistencia de mercados abiertos, la "discrecionalidad" en la toma de decisiones, la sobre-regulación administrativa y la falta de competitividad. Sin embargo, parece que esta conducta podría ser inherente en el ser humano de cualquier época o como lo remarca el autor citado con anterioridad: una forma común de corrupción.

Antecedentes del desagüe en el siglo XIX

En 1856 se hizo el primer intento de crear una Junta del Desagüe para solucionar el problema de las inundaciones de la

---

[2] La otra forma de corrupción es llamada corrupción escandalizadora, es decir los procesos sociales que llegan a ser clasificados públicamente a través de la percepción social como actos corruptos.

[3] Arturo del Castillo y Manuel Alejandro Guerrero, *Percepciones de la corrupción en la ciudad de México. ¿Predisposición al acto corrupto?* (México: Centro de Investigación y Docencia Económicas, 2003), 17.

capital mexicana; el ministro de Fomento congregó a treinta personalidades entre técnicos, políticos, científicos, legisladores y eclesiásticos con el fin de encontrar propuestas viables que resolvieran de manera definitiva la situación del desagüe de la Cuenca de México.

Las turbulencias políticas del país durante casi todo el siglo XIX impidieron que se iniciara el proyecto, y sólo se hizo el levantamiento parcial de la *Carta Hidrográfica del Valle de México*, la cual fue formada por acuerdo de la Sociedad Mexicana de Geografía y Estadística y organizada por Manuel Orozco y Berra, ingeniero topógrafo y exalumno del Colegio de Minería.[4]

Durante el gobierno de Benito Juárez en 1867 continuaron las obras de desagüe a cargo del Estado. Primero se avanzó con rapidez, pero muy pronto los costos y los obstáculos técnicos aumentaron. Al término del gobierno juarista en 1871 las obras volvieron a paralizarse mientras que la capital se inundaba en las temporadas de lluvias, lo que además del malestar de la población provocaba insalubridad y caos.

El proyecto de desagüe del presidente Díaz

En 1877, muy poco tiempo después de la elección de Porfirio Díaz como presidente de México, el gobierno decidió dar una solución definitiva a las frecuentes inundaciones en la capital del país. La manera más viable fue ejecutar el trabajo de desagüe de la Cuenca de México, aun cuando esto implicó una recomposición en la fisonomía hidrográfica, en la arquitectura urbana y en el deterioro ambiental, situación que en ese momento no preocupó particularmente.[5] Para llevar a cabo la labor del desagüe se creó

---

[4]   Manuel Orozco y Berra, *Memoria para la carta hidrográfica del Valle de México* (México: Imprenta de Andrés Boix a cargo de Miguel Zomoza, 1864), 2.

[5]   J. Humberto Urquiza García, *Miguel Ángel de Quevedo. El proyecto conservacionista y la disputa por la nación 1840-1940* (México: Facultad de Filosofía y Letras/Universidad Nacional Autónoma de México,

una Junta Directiva que supervisara la transparencia financiera de las obras. Sin embargo, fue hasta 1884 cuando se reanudaron formalmente los trabajos del desagüe en el túnel, el tajo y el gran canal. José Yves Limantour presidió la Junta Directiva y el ingeniero Luis Espinoza quedó como responsable técnico.

La historia de la ciudad de México registró el origen complejo de sus problemas. Los fraccionadores de los bienes del clero, y de la propiedad agrícola en general, fueron quienes desde mediados del siglo XIX iniciaron los negocios inmobiliarios. A estos agentes les sucedieron otros encabezados por funcionarios gubernamentales. Dichos artífices del capitalismo mexicano que hicieron grandes fortunas con un proyecto escrito en un papel y guardado en un portafolio, se les llamó "portafolieros", ya que fueron la versión nacional de los *carpetbaggers* estadounidenses. Su actividad comercial se ubicó dentro del concepto de la libre empresa y el riesgo empresarial; fueron individuos caracterizados por tener muchas ideas para invertir y escasos o nulos recursos para llevarlas a cabo, traficando muchas veces con las influencias y los sobornos para obtener concesiones en el gobierno, información privilegiada, y contando con el aval oficial garantizado para sus proyectos.

Pero no sólo aparecieron portafolieros nacionales, también llegaron extranjeros que contaron con el apoyo de los funcionarios y portafolieros mexicanos de la época. De estos personajes nacionales y extranjeros surgieron los fundadores de la urbanización de la capital del país, que se desarrolló desde

---

2018), 13. Una de las excepciones en este campo al final del siglo XIX fue el ingeniero Miguel Ángel de Quevedo, quien propuso un proyecto de conservación hidrológica forestal del Valle de México y del lago de Tezcoco para un desarrollo agrícola, industrial y biológico duradero. Resumió la preocupación de las sociedades científicas mexicanas decimonónicas que comprendieron que las transformaciones provocadas por el ser humano habían alterado el equilibrio de los sistemas naturales. Pero esta indiferencia no es única del Porfiriato, sino que sucedió de manera general en la historia occidental hasta las primeras décadas del siglo XX.

1824 con la creación del Distrito Federal hasta bien entrado el siglo XX.

El presidente Díaz reestructuró las relaciones diplomáticas del país con los Estados Unidos y abrió los recursos de la nación a los empresarios y financieros norteamericanos, deseosos de iniciar una nueva relación comercial con México, tras décadas después de la guerra entre ambos países. En 1883, Porfirio Díaz realizó una visita exploratoria a los EE.UU. que marcó el punto de arranque de una nueva relación diplomática y económica entre ambas naciones. Creó contactos con importantes ex-líderes militares estadounidenses que tenían el interés de invertir comercialmente en México. Ulysses Grant, William Palmer, John B. Frisbie, John W. Foster y Edward C. Ford buscaron concesiones para ferrocarriles. Díaz se dejó seducir por el espíritu empresarial del capitalismo moderno, nacional e internacional, y les mostró que no solo era un miembro de la clase política, sino también un elemento de la nueva clase empresarial, además les ofreció proyectos comerciales de gran capital como el desagüe de la ciudad de México. Porfirio Díaz logró mover al país en un proceso de modernización.

Hasta 1881 la construcción del drenaje estuvo a cargo del Estado, pero en 1884 esto cambió, y el mismo Ejecutivo decidió poner en manos privadas el proyecto. Ese mismo año Porfirio Díaz fundó la Compañía Anónima Limitada de Canalización y Desagüe del Valle y de la Ciudad de México con el claro objetivo de construir el sistema de desagüe de la capital mexicana. Su participación directa en este proyecto dejó ver su compromiso de desarrollar el México moderno con una empresa de fines comerciales que pretendía favorecer el desarrollo urbano y agrícola del Distrito Federal, ya que, poco después de consumada la Independencia, se hizo evidente que las inundaciones obstaculizaban la expansión y modernización de la ciudad capital. A mediados del siglo XIX, con la llegada del ferrocarril, la idea de poner un alto a las inundaciones en la capital del país se convirtió en una tarea urgente.[6]

Así, se abría la posibilidad de hacer realidad la ciudad del futuro y la modernización de México, un paradigma del desarrollo urbano. La compañía que llevaría a cabo los trabajos del desagüe necesitaba un gran capital financiero, sólo superado por las compañías de ferrocarril; por lo que esta empresa con gran creatividad comercial buscó apoyo de las más importantes instituciones financieras nacionales y extranjeras con el objetivo de desviar las aguas provenientes del lago de Chalco que llegaban al Distrito Federal, uniéndose en el canal de San Lázaro, que a su vez, conectaba a la ciudad con el lago de Tezcoco.[7]

La resolución fue votada y aprobada el 7 de noviembre de 1881 por la Comisión del Senado, el primer artículo del contrato avalado daba autorización a Antonio Mier y Celis para que constituyera la compañía comercial antes citada y convirtiera en canales los ríos navegables para así poder llevar a cabo el desagüe y el mejoramiento de la ciudad de México. Porfirio Díaz junto con Antonio Mier fundaron el Banco Nacional Mexicano. Mier, además, fue ministro Plenipotenciario de México ante Francia y también yerno de José Joaquín Pesado, político liberal y ministro de Relaciones Exteriores del presidente Anastasio Bustamante.

El capital de la Compañía Anónima Limitada de Canalización y Desagüe del Valle y de la Ciudad de México se dividió en seis acciones fundadoras; quedando como presidente Porfirio Díaz, vicepresidente Antonio Mier y Celis, socios Manuel Romero Rubio (ministro de Relaciones Exteriores, ministro de Gobernación y suegro del presidente Díaz), Jorge Hammeken

---

[6] Ernesto Lemoine Villicaña, *El desagüe del valle de México durante la época independiente* (México: Universidad Nacional Autónoma de México, 1978), 92-93.

[7] Alejandro Tortolero Villaseñor, "Canales de riego y canales navegables en la cuenca de México: economía, patrimonio y paisaje en el México porfirista," *Historia Caribe* 26 (2015), 86-87.

(empresario e intelectual) y Ramón Fernández (diplomático y cofundador del Banco Nacional Mexicano) dueño de dos acciones. El Congreso pasó el decreto sin objetar los artículos indeterminados y las fechas compromiso del proyecto, así como otras condiciones favorables para los contratistas, por ejemplo: exención de impuestos por treinta años, el uso de las aguas de los lagos, ríos y canales con fines comerciales y de explotación que la compañía decidiera durante cincuenta años y derechos de importación por diez años.

Cuando Díaz visitó los EE.UU. en 1883 buscando más socios para la empresa, los beneficios ya estaban listos, aunque los resultados inmediatos del viaje no fueron totalmente satisfactorios ya que no hubo socios dispuestos a aportar más capital, pero a largo plazo la visita al país vecino fue muy provechosa por los contactos creados que sentaron las bases para una nueva aventura comercial relacionada con el uso del agua: la generación de energía eléctrica.

La mayor parte de las obras que contrataba el gobierno mexicano era sometida a concurso público, pero la convocatoria se postergaba hasta el último momento con el fin de que las compañías no alcanzaran a concursar y fácilmente se les eliminaba porque no alcanzaban a cumplir las interminables condiciones exigidas por la Junta Directiva del Desagüe, sin descartar las preferencias a ciertas empresas sobre otras, vía las influencias políticas o las comisiones y sobornos.[8]

La Junta Directiva del Desagüe

En 1884, el Ejecutivo otorgó todo el apoyo a la compañía del desagüe que creó e incluso nombró director técnico del proyecto al ingeniero Luis Espinoza. También impulsó a la Junta Directiva

---

[8]   Manuel Perló Cohen, *El paradigma porfiriano. Historia del desagüe del valle de México* (México: Miguel Ángel Porrúa/Instituto de Investigaciones Sociales/Programa Universitario de Estudios sobre la Ciudad/Universidad Nacional Autónoma de México, 1999), 98.

del Desagüe para que facilitara las acciones administrativas y financieras ante el gobierno. En noviembre de 1885 un grupo de políticos y funcionarios de primer nivel acompañó a Díaz a supervisar el avance de los trabajos en Zumpango y el Gran Canal, haciéndose notar que, una vez terminados los trabajos en las municipalidades de Zumpango y Actopan, éstas saldrían beneficiadas y sus tierras valdrían una fortuna.

Al mes de la visita, el Congreso dio nuevos recursos al gobierno con el objetivo de acelerar los trabajos; pero el presidente Díaz seguía con la idea de dar la concesión a una empresa extranjera, y al año siguiente se dirigió al Congreso expresando que la capital mexicana sería una de las más saludables y bellas de América una vez construido el sistema de desagüe.[9] Desde el inicio esta obra fue una tarea gubernamental y de la compañía de Díaz; sin embargo, la falta de recursos económicos y un plan integral fueron un impedimento para su conclusión, pero ahora el Ejecutivo estaba decidido en desarrollar el proyecto con una empresa europea. Esto se logró en 1888 cuando el gobierno cedió la concesión a la compañía inglesa Pearson & Son quedando Guillermo Landa y Escandón (regente y gobernador de la ciudad de México) como apoderado por medio del Banco de Londres y México del cual era socio y accionista.

Asimismo, en marzo de 1891 el presidente Díaz con aprobación de la Junta Directiva del Desagüe del Valle de México otorgó a la compañía inglesa Read & Campbell la construcción del Túnel de Tequixquiac, pero más tarde la misma Junta la declaró incompetente para realizar estos trabajos y el contrato fue rescindido en 1892.

Es importante mencionar que la Junta Directiva del Desagüe estaba integrada por José Yves Limantour (ministro de Hacienda), Pedro Rincón-Gallardo Doblado (regidor del Ayuntamiento de la Ciudad de México, ministro

---

[9]   Priscilla Connolly, *El contratista de don Porfirio. Obras públicas, deuda y desarrollo desigual* (México: El Colegio de Michoacán/Universidad Autónoma Metropolitana-Azcapotzalco/Fondo de Cultura Económica, 1997), 124.

Plenipotenciario de México ante Rusia, su hermano Francisco estaba casado con Luz Díaz, hija de Porfirio Díaz), Agustín Cerda, Francisco Rivas Puigcerver (judío converso originario de Campeche), Casimiro del Collado (originario de Santander, periodista, poeta y fundador de la Academia Mexicana de la Lengua, luchó contra la invasión norteamericana de 1847), Francisco Somera (presidente municipal de la Ciudad de México, empresario y fraccionador de la colonia de los Arquitectos, hoy San Rafael), Manuel A. Campero (marqués del Apartado, gobernador de la Ciudad de México y empresario), Luis G. Lavié (regidor del Ayuntamiento de la Ciudad de México y empresario), Pedro del Valle (regidor del Ayuntamiento de la Ciudad de México y empresario), Luis García Pimentel (empresario, académico, historiador e hijo de Joaquín García Icazbalceta), Pablo Macedo (secretario del gobernador de la Ciudad de México y diputado), Manuel María Contreras (presidente municipal de la Ciudad de México), Gabriel Mancera (empresario, diputado y senador).

Desde sus inicios hasta la disolución de la Junta Directiva, los personajes centrales fueron Limantour y Rincón Gallardo, en tanto el resto de los integrantes incluido el ingeniero Luis Espinoza (el director técnico) seguían las órdenes y orientaciones establecidas por éstos y, sobre todo, por el presidente Porfirio Díaz que mantenía vínculos políticos, comerciales y personales con cada uno de los miembros.

Otra oportunidad que Díaz encontró para privatizar el sistema del desagüe estaba en el control de las aguas para la producción y comercialización de energía, ya que mientras Pearson & Son construía el Gran Canal, Luis Espinoza obtuvo los permisos para usar las aguas provenientes del mismo. En 1893, Díaz otorgó con un veto presidencial a Luis Espinoza el uso de todas las aguas y ríos que cruzaban la Cuenca de México. El Congreso ratificó en 1895 el permiso presidencial y autorizó la exención de impuestos y derechos de importación para maquinaria; además, cuando los trabajos concluyeran, la compañía recibiría por noventa y nueve años la propiedad de todos los canales, las presas y los diques para que fueran explotados comercialmente.

Con la intervención y el apoyo directo del presidente Díaz se logró que el ejército mexicano prestara batallones enteros para trabajar en el desagüe, logrando así reducir los gastos considerablemente, ya que a la tropa se le pagaba la mitad de lo que recibían los trabajadores comunes.

El ingeniero Luis Espinoza rápidamente vio la expansión comercial de la Compañía Anónima Limitada de Canalización y Desagüe del Valle y de la Ciudad de México. La primera concesión le dio el uso exclusivo de dos ríos para irrigación, y el segundo y tercero contratos le concedieron el uso de las aguas de otros ríos para la generación de energía para uso industrial. El cuarto contrato le dio el control de todas las aguas provenientes del sistema de desagüe de la Cuenca de México pasando por el túnel de Tequixquiac hacia el distrito de Actopan, en el estado de Hidalgo. Finalmente, el último contrato puso a Espinoza en los nuevos planes de Porfirio Díaz ya que juntos crearían un negocio para generar electricidad en México.

El sistema de desagüe fue inaugurado el 17 de marzo de 1900. El presidente Díaz y su comitiva viajaron a Zumpango. Pearson & Son y Espinoza habían consumado el gran proyecto de Díaz, aun cuando el sueño no se había realizado totalmente por falta de presupuesto que ascendió a cuatrocientos mil pesos anuales otorgados por el Congreso, más el capital privado, sumó un total de dieciséis millones de pesos, siendo que originalmente la obra se calculó en tres y medio millones de pesos. En términos generales, la obra estaba concluida.[10]

La Junta del Desagüe cesó sus funciones en 1900 tras el fin de las obras, y la compañía de Porfirio Díaz que dirigió Luis Espinoza fue vendida el 9 de noviembre de 1910. La empresa del desagüe fue útil para contener parcialmente las constantes

---

[10]   Adrián de Garay, *Juicio sobre las obras del desagüe del valle de México*, (México: Imprenta Mundial, 1930), 34.

inundaciones que abatían la ciudad de México pues el trabajo de la Cuenca en realidad estaba "prendido con alfileres". Su potencia y resistencia apenas fueron adecuadas a las condiciones ecológicas de la gran urbe en los albores del siglo XX. El Gran Canal, a causa de las presiones económicas, no se hizo más profundo y el problema surgió pocos años después cuando la población se multiplicó.

El esfuerzo propagandístico de las obras llevadas a cabo por el régimen intentó extenderse a un sector más amplio; para ello se anunciaron, poco después de la inauguración, visitas públicas que tenían un propósito recreacional y educativo. Tal vez el momento cumbre fue en 1910 durante las festividades del Centenario de la Independencia a las cuales asistieron representantes de treinta y un países "civilizados" a los que se invitó a una segunda inauguración de las obras del desagüe. Esta vez incluía el labrado de taludes, construcción de terraplenes, terminado de puentes y algunos detalles más que habían quedado pendientes en 1900. Así, se puede ver que la obra fue considerada uno de los máximos proyectos del Porfiriato.

Conclusión

Durante las últimas dos décadas del siglo XIX y la primera del siglo XX, Porfirio Díaz impulsó en México el avance de la modernidad comercial del capitalismo proveniente de los EE.UU. y Europa. Al mismo tiempo conformó una elite local dirigida por los intereses de lucro de inversionistas y empresarios extranjeros que construyeron un nuevo sistema de economía comercial de mercado dentro de una política donde muy difícilmente podía establecerse con claridad el límite entre poder gubernamental y los conflictos de interés, soborno y corrupción institucionalizada como en el caso del desagüe de la capital mexicana.

Las compañías de desagüe y generación de energía fueron hitos en el desarrollo comercial de las empresas mexicanas modernas, lo cual conectó a Porfirio Díaz con hombres de negocios capitalistas de los EE.UU. y Europa. En el proceso del desarrollo de esas compañías, Díaz privatizó el quehacer político e inició la centralización de decisiones económicas desde la Presidencia hasta caer en actos corruptos para favorecerse y favorecer a sus allegados con las licitaciones gubernamentales; lo cual quedó evidentemente señalado en las redes políticas, financieras y familiares que se tejieron en torno a la conformación de los miembros de la Junta Directiva del Desagüe. Este proceso fue parte de la institucionalización de un sistema de gobierno que hizo a un lado la democracia y cercó la participación de varias personas en la toma de decisiones en el país, lo cual es característico de los gobiernos de largo aliento en cualquier lugar del mundo.

La compañía del desagüe fue un instrumento de gran utilidad para buscar apoyo e interesar a los inversionistas en México, también fue una herramienta política que intentó reunir a los grupos liberales mexicanos en torno a la Junta del Desagüe. Sin embargo, el presidente Díaz se alejó poco a poco de los idealismos y conceptos del liberalismo radical y optó por un positivismo que sustentaba el poder personal.[11] Se aunó a esta ideología la capacidad del Ejecutivo para lograr acuerdos, cultivar amistades y ganar lealtades que lubricaron el sistema político, comercial e industrial.

Bibliografía

Barbosa Cruz, Mario. "Los límites de 'lo público'. Conflictos por el uso del caudal del río Magdalena en el Valle de México durante el Porfiriato". *Historias 61* (2005): 27-42 (ISSN 1405-7794)

---

[11]   Paul Garner, *Porfirio Díaz. Entre el mito y la historia* (México: Crítica, 2015), 127.

Bazant, Mílada. "La enseñanza y la práctica de la ingeniería durante el Porfiriato." *Historia Mexicana* 33 (1984): 254-97.

Birrichaga, Diana. "Legislación en torno al agua, siglos XIX y XX." *Semblanza histórica del agua en México*. México: Comisión Nacional del Agua/Secretaría de Medio Ambiente y Recursos Naturales, 2009, 70-82.

Connolly, Priscilla. *El contratista de don Porfirio. Obras públicas, deuda y desarrollo desigual*. México: El Colegio de Michoacán/Universidad Autónoma Metropolitana-Azcapotzalco/Fondo de Cultura Económica, 1997.

De Garay, Adrián. *Juicio sobre las obras del desagüe del valle de México*. México: Imprenta Mundial, 1930.

De Gortari Rabiela, Hira y Regina Hernández Franyuti. *Memoria y encuentros: La ciudad de México y el Distrito Federal (1824-1928)*. México: Departamento del Distrito Federal/Instituto de Investigaciones Dr. José María Luis Mora, 1988.

Del Castillo, Arturo y Manuel Alejandro Guerrero. *Percepciones de la corrupción en la ciudad de México. ¿Predisposición al acto corrupto?* México: Centro de Investigación y Docencia Económicas, 2003.

Garner, Paul. *Leones británicos y águilas mexicanas: negocios, política e imperio en la carrera de Weetman Pearson en México, 1889-1919*. México: Fondo de Cultura Económica/El Colegio de México/ Instituto de Investigaciones Dr. José María Luis Mora/El Colegio de San Luis, 2013.

_____. *Porfirio Díaz. Entre el mito y la historia*. México: Crítica, 2015.

González Obregón, Luis. *Memoria histórica, técnica y administrativa de las obras del desagüe del valle de México 1449-1900*, Vols. I, II y III. México: tipografía de la Oficina Impresora de Estampillas, 1902.

Guerra, François-Xavier. *México. Del antiguo régimen a la Revolución*. México: Fondo de Cultura Económica, 1988.

Gurría Lacroix, Jorge. *El desagüe del valle de México durante la época novohispana*. México: Universidad Nacional Autónoma de México/Instituto de Investigaciones Históricas, 1978.

Hassig, Ross. *Comercio, tributo y transportes. La economía política del valle de México en el siglo XVI*. México: Alianza Editorial Mexicana, 1990.

Jiménez Muñoz, Jorge H. *La traza del poder. Historia de la política y los negocios urbanos en el Distrito Federal de 1824 a 1928*. México: Dédalo, 1993.

_____. *Empresario y dictador: los negocios de Porfirio Díaz, 1876-1911*. México: RM Editores, 2015.

Junta Directiva del Desagüe del Valle de México, *Actas de las sesiones de la Junta Directiva del Desagüe del Valle de México*. México: Archivo Histórico de la Ciudad de México (1886-1900), [*circa* 1901].

Lemoine Villicaña, Ernesto. *El desagüe del valle de México durante la época independiente*. México: Universidad Nacional Autónoma de México, 1978.

Martínez Oviedo, Daniel. *Evolución histórica de las cimentaciones en la zona de lago de la Ciudad de México*. México: tesina, Universidad Nacional Autónoma de México/ Facultad de Ingeniería, 2002.

Miranda Pacheco, Sergio. *La historia urbana en México*. México: Universidad Nacional Autónoma de México, 2012.

Orozco y Berra, Manuel. *Memoria para la carta hidrográfica del Valle de México*. México: Imprenta de Andrés Boix a cargo de Miguel Zomoza, 1864.

Perló Cohen, Manuel. *El paradigma porfiriano. Historia del desagüe del valle de México*. México: Miguel Ángel Porrúa/Instituto de Investigaciones Sociales/Programa Universitario de Estudios sobre la Ciudad/Universidad Nacional Autónoma de México, 1999.

Romero, José Luis. *Latinoamérica: las ciudades y las ideas*. México: Siglo XXI, 1976.

Serrano Álvarez, Pablo. *Porfirio Díaz y el porfiriato*. México: Instituto Nacional de Estudios Históricos de las Revoluciones de México, 2012.

Tortolero Villaseñor, Alejandro. "Canales de riego y canales navegables en la cuenca de México: economía, patrimonio y paisaje en el México porfirista." *Historia Caribe* 26 (2015): 26, 75-105.

Urquiza García, J. Humberto. *Miguel Ángel de Quevedo. El proyecto conservacionista y la disputa por la nación 1840-1940.* México: Facultad de Filosofía y Letras/Universidad Nacional Autónoma de México, 2018.

Zaid, Gabriel. "La propiedad privada de las funciones públicas." *Vuelta* 120 (1986): 25-32.

Desarraigo cultural y esclavitud. Comercio de mujeres africanas en la Nueva España. 1519 – 1594.

Alan Job MONTELLANO JIMÉNEZ

Introducción

El comercio de esclavos entre Europa y América, procedentes del continente africano, comienza en la primera mitad del siglo XV, cuando las huestes portuguesas se introducen en la costa del Sahara Occidental y comienzan un intensivo comercio con la *élite* gobernante lugareña. Antam Gonçalvez, joven capitán de la marina, captura a los primeros prisioneros: un hombre y una mujer. Se supone que fue a complacencia de Enrique "El Navegante".[1] Los primeros esclavos que ingresaron a la Nueva España provenientes de África fueron extraídos durante la primera mitad del siglo XV y no cesaron hasta 1873, cuando se desembarcó el último cargamento de "la mercancía de ébano" en Cuba. Se calcula que llegaron a América entre 30 y 40 millones de personas en calidad de esclavos provenientes del "Continente Negro".[2]

La comercialización de personas se convirtió en un importante mercado que generaba cuantiosos recursos

---

[1] John Iliffe, "El tráfico de esclavos en el Atlántico", en *Historia de un continente. África*, 193 (Madrid: AKAL, 2013).

[2] Luz María Martínez Montiel, *Africanos en América*, 5 (La Habana, Cuba: Editorial de Ciencias Sociales, 2008).

económicos. Con la intromisión europea a territorios africanos se modificó su estructura política, social, e inclusive la forma del pensamiento. Reinos como el de Congo liderado por el *O Mani Kongo*[3] Nzinga A Nkuwu participaron en un intenso comercio de tráfico humano con las expediciones portuguesas, donde se intercambiaba oro por vidas humanas. Aparte de Portugal otras potencias europeas como España, Inglaterra, Francia y Holanda entraron a la comercialización de esclavos. La compraventa de humanos provenientes de África se formaliza en el siglo XVI, cuando las ciudades portuguesas instauradas en el continente ya tenían algunos años de haber sido fundadas.

Además, la percepción cultural de la esclavitud no era nada nuevo, pues los musulmanes en el periodo de ocupación de la Península Ibérica contaban con un "servicio doméstico obligado".[4] Tenían sometidos a niños, hombres y mujeres por igual. Inclusive, siglos antes, los romanos tenían adosado en su estructura social el régimen de esclavitud; por derecho romano se permitía la posibilidad de que un individuo perdiera su libertad para someterse a otro.[5]

Dentro del pensamiento de las diversas culturas africanas existía una forma de esclavitud.[6] Es importante señalar que su concepción era diferente a la europea. El concepto de esclavo era más cercano al de servidumbre. Los historiadores Claire Robertson y Martin Klein lo han denominado "servidumbre

---

[3]   Rey del Congo.

[4]   La ocupación musulmana es un complejo proceso político y cultural que se consolida en el siglo VIII. No sólo tuvo consecuencias políticas o económicas, sino también un intenso intercambio cultural e impacto lingüístico. Véase Moses Finley, *Esclavitud antigua e ideología moderna*, (Barcelona: Crítica, 1982).

[5]   Véase Williams Phillips. *La esclavitud desde la época romana hasta los inicios del comercio trasatlántico*, (México: Siglo XXI, 1989).

[6]   Diversos reinos de África con el apoyo militar portugués avasallaron a pueblos rivales, los sometieron y comercializaron como esclavos para su venta a Europa.

involuntaria".[7] Los sometidos tenían una participación activa dentro de la sociedad, e incluso algunos participaron en puestos burocráticos.[8] Según el trabajo del antropólogo Claude Meillassoux, existía una clara diferencia entre los conceptos "servidumbre" y "esclavitud". La servidumbre estaba condicionada a trabajar para un amo o señor, generación tras generación, sin estar atados a un lugar específico o propietario, además gozaban de una cierta libertad de movilidad a diferencia de los esclavos. Éstos eran individuos despojados de su lugar de origen, así como de su identidad; en la mayoría de los casos no eran considerados humanos, sino "bestias de carga" o simplemente un objeto que se podía vender, comprar, regalar o cambiar a voluntad del dueño.[9]

La temporalidad que limita esta investigación va desde la llegada de las primeras huestes conquistadoras al actual territorio de México a principios del siglo XVI hasta la consolidación del sistema de asientos, llevada a cabo en 1594. La creación de los primeros contratos "asentistas" fueron llevados a cabo entre la Corona Española y los navegantes portugueses en el año de 1580. Felipe II confió a los lusitanos el reparto y comercialización, y éstos comenzaron a llevar a los esclavos a los diferentes puertos que demandaba la mercancía y que la Casa de Contratación designaba previamente. Los contratos tuvieron una mejor resolución gracias a los cambios políticos que se dan en la Península Ibérica con el ascenso de Felipe II —Felipe I en Portugal— al trono lusitano, uniendo las dinastías de ambos reinos.

---

[7] Claire C. Robertson & Martin A. Klein, *Women and slavery in Africa,* 3-4 (Wisconsin, Estados Unidos: The University of Wisconsin Press, 1983).

[8] Williams Phillips, *La esclavitud desde la época romana hasta los inicios del comercio trasatlántico,* 189 (México: Siglo XXI, 1989).

[9] Claude Meillasoux. *Antropología de la esclavitud,* 11-26 (Madrid, España: Siglo Veintiuno, 1990).

La esclavitud y la Nueva España

Los primeros esclavos que entraron a la Nueva España llegaron con la empresa conquistadora al mando de Hernando Cortés. Originario de Extremadura, tenía por lo menos un par bajo su custodia.[10] Así mismo, sus subordinados, Juan Núñez Sedeño y Pánfilo de Narváez traían consigo negros cautivos; inclusive se atribuye a uno de los cautivos de Narváez, Francisco de Eguía, la introducción de la viruela al continente.[11] Otro conquistador que se hacía acompañar de sirvientes de esta índole fue Francisco de Montejo, quien se estableció en la Península yucateca, y los utilizó en la conquista de la misma, así como para la búsqueda de oro.[12] Como estos ejemplos podemos encontrar un gran número de prisioneros negros con nombre y apellido.

En los primeros años de la colonización americana, la Nueva España se convirtió en el mercado principal del tráfico de esclavos; aunque su regulación era ineficaz. El primer acarreo masivo se registró en 1501, cuando se introduce un cuantioso grupo de africanos a La Española.[13] El gobernador de la isla, Nicolás de Ovando, tenía la instrucción de no permitir la entrada a judíos, moros o nuevos convertidos, sin embargo sí podían ingresar negros cristianos y bautizados desde antes de su salida de la Península Ibérica. Este sistema pareció no funcionar ya que el mismo Ovando, en 1503, pidió que no se dejara

---

[10]   En el *Códice Azcatitlán* se muestra a un esclavo a las espaldas de Cortés. Juan Cortés fue posiblemente el primer esclavo negro en ingresar a la Nueva España y ha sido denominado "el primer sembrador de trigo en el Nuevo Mundo". Véase Thomas Hugh, *La trata de esclavos. Historia del tráfico de humanos de 1440 a 1870*, 95 (Barcelona: Editorial Planeta, 1998) o Ricardo Alegría, *Juan Garrido, el conquistador negro en las Antillas, Florida, México y California*. 6, 127-138 (San Juan: Centro de Estudios Avanzados de Puerto Rico y El Caribe, 1990).

[11]   Gonzalo Aguirre Beltrán, *La población negra en México,* 19 (México: Fondo de Cultura Económica, 1972) o Thomas Hugh, *La trata de Esclavos.* 93-96.

[12]   Gonzalo Aguirre Beltrán, *La población negra en México,* 19-20 y 66.

[13]   Luz María Martínez Montiel, *Africanos en América,* 5-6.

ingresar a más, porque se escapaban a la primera oportunidad y terminaban en comunidades indias. Además, se les acusaba de aprender las "costumbres" de los indígenas. Aun así, la importación no cesó.[14]

Los esclavos que entraban a la Nueva España provenían de Las Antillas o directamente desde Europa.[15] Pertenecían a diversos grupos étnicos, en su mayoría originarios de tres grandes regiones: la costa occidental de África, que abarcaba los actuales países de Guinea, Senegal y Mali; África, con los países de Congo y Angola; y en un menor porcentaje de África oriental.[16] Dentro de las principales culturas y grupos étnicos destacan: Bereberes, Moros, Fulas, Wolofs, Bañun, Mandingos, Kazanko, Beafada, Kpwesi, Bran, Pueblos de Hausa, Bantúes, y un largo etcétera.[17]

Según Aguirre Beltrán fueron dos los elementos principales que causaron un notable aumento de la inserción de los africanos: 1) la disminución de la población indígena ocasionada por distintos factores, como la destrucción de su estructura política y económica, además de las enfermedades propagadas por los europeos, la esclavitud y trabajos forzados a los que fueron sometidos; 2) la necesidad de mano de obra para explotar los yacimientos mineros, siendo la población africana la más eficaz para ese trabajo.[18] Por otra parte, se suma los decretos elaborados bajo el reinado de Carlos V, en 1542, denominados "Leyes Nuevas", las cuales prohibían la esclavitud de los indígenas, así como fomentaban la desaparición de las encomiendas.

---

[14] Gonzalo Aguirre Beltrán, *La población negra en México*, 17.

[15] No sólo la población negra fue tomada como esclava; también moros y bereberes fueron sometidos y vendidos como esclavos domésticos.

[16] María Elisa Velázquez Gutiérrez, *Mujeres de origen africano en la capital novohispana, siglo XVII y XVIII*, 64 (México: Instituto Nacional de Antropología e Historia-Universidad Nacional Autónoma de México, 2006).

[17] Para mayor información véase María Elisa Velázquez Gutiérrez, *Mujeres de origen africano...*, 71-73.

[18] Gonzalo Aguirre Beltrán, *La población negra en México*, 15-19.

La Corona Española trató de monopolizar la entrada de esclavos directamente desde el continente africano. Este sistema se denominó "asiento". Los asientos eran contratos que otorgaba la Corona a empresas particulares que facultaban la distribución de las licencias para la inserción y distribución de cautivos. Se pretendía un mejor reparto de los esclavos en las Colonias, y al mismo tiempo conservar las ganancias en la metrópolis. Para ello se elevaron las rentas lo más alto posible, además de establecerse un control más riguroso sobre la cantidad de esclavos que se transportaban a América, pues siempre había la posibilidad de que los asentistas disfrazaran las cifras y ellos mismos vendieran a los negros, quedándose con los beneficios.[19] Se pretendía que este sistema lograra tener una mayor administración en cuanto a la trata de esclavos. Para llevarse a cabo este proceso era necesario contar con factorías en África y depósitos en América.[20]

Los esclavos tenían diferentes funciones: desde labores domésticas hasta formar parte de los ejércitos para el sometimiento de los pueblos indígenas. Las huestes de Pedro de Alvarado cuando ingresó a Guatemala, según el testimonio de Antonio de Herrera y Tordesillas, se conformaba por españoles, indígenas y negros. Incluso el cronista detalla que eran aproximadamente doscientos negros quienes estaban al servicio de Alvarado.[21]

Durante la primera década del siglo XVI, los esclavos ya eran una mercancía significativa para la economía novohispana. En 1510 el tráfico de humanos entre la metrópolis y las colonias era común, y su inserción se volvió tan frecuente que en 1513 la Corona fijó un impuesto específico a la entrada de nuevos cautivos. Dos ducados por individuo era la tarifa,[22] en 1528

---

[19]   Gonzalo Aguirre Beltrán, *La población negra en México*, 20.

[20]   Los tres puntos principales donde se concentraban los esclavos en las factorías eran: Cabo Verde, la isla de Santo Tomé y Angola. Enriqueta Vila Vilar. *Hispanoamérica y el comercio de esclavos*, 23-30 (Sevilla: Universidad de Sevilla, 1977).

[21]   Gonzalo Aguirre Beltrán, *La población negra en México*, 20.

[22]   Un ducado valía $ 1330.00 para el año 2012. Alfonso Arellano Hernández, comunicación personal 2019.

subió a 5 ducados, a 8 ducados en 1560, y para 1578 aumentó a 30 *per capita*.[23] Para un mejor control se crearon licencias, las cuales eran emitidas por la Corona para comercializar e introducir esclavos; así se facilitaba que los funcionarios, clérigos y oficiales viajaran con su séquito de siervos.[24] Por otra parte, la administración española trató de limitar la entrada de los negros bozales,[25] aumentado el impuesto requerido para su ingreso a las colonias.

Lisboa funcionó como el centro principal del comercio de africanos. Se estima la existencia de entre 70 y 80 mercaderes que se dedicaban al tráfico humano en la capital portuguesa. El gobierno español trató de equilibrar la situación y facultó a la Casa de Contratación de Sevilla para su regulación. Fundó la Junta de Negros especialmente para ocuparse de cuestiones relacionadas con los asientos, así como los impuestos generados, y también la cantidad de esclavos permitidos, las zonas de extracción y las áreas de llegada y distribución. Además, tenía la facultad de castigar el contrabando y el comercio ilícito.[26] Otra forma de mantener el control de la gran cantidad de esclavos que cada año llegaba a la Nueva España fue a través de escrituras notariales.[27] El objetivo principal era mantener un registro y evitar la compra-venta de esclavos ilícita.

---

[23]   Gonzalo Aguirre Beltrán, *La población negra en México,* 27 y 38.

[24]   *Ex.gr.* Alfonso de Estrada, tesorero y gobernador de la Nueva España, llegó con 12 esclavos otorgados por la Corona española; Antonio de Mendoza, el primer virrey de México, desembarcó con una cifra cercana a los 20.

[25]   Negros no bautizados, ni hablaban alguna lengua europea.

[26]   El contrabando y el comercio ilícito se generaron desde el inicio del intercambio entre Europa, África y América. Fueron mecanismos implementados por los súbditos de las coronas de Inglaterra, Dinamarca, Holanda y Francia que tenían interés en participar en el comercio transatlántico y no estaban conformes con el duopolio que Portugal y España mantenían.

[27]   Las escrituras más comunes son de venta, poder, dote, testamento, censo, concierto de servicio y aprendizaje, obligación de pago, entre otras.

Datos de 1524 denotan mayor importancia de los esclavos varones, ya que solamente la octava parte era femenina. La cantidad difería dependiendo de la zona, ya que existía una mayor concentración de mujeres en las ciudades a diferencia de las zonas rurales, probablemente resultado de una demanda mayor en el área de las actividades domésticas. Con respecto a los porcentajes de los primeros registros de que se tiene conocimiento, muestran una ligera diferencia a favor de los varones: 56% hombres, 42% mujeres y sólo el 2% utilizaban el nombre genérico de "esclavo". Registros posteriores -tomados únicamente de la capital novohispana- de finales del siglo XVI muestran una similitud en los porcentajes, teniendo registrados 57% hombres y 40% mujeres. En contraste con los mulatos las cifras eran distintas: las mujeres rebasan 3 a 1 a los hombres. De igual manera, estudios más tardíos, entre los años 1555 y 1655, reflejan números similares: 998 hombres en comparación con 824 mujeres.[28] Cifras estimadas por Colin Palmer sugieren que los primeros grupos de esclavos traídos a Nueva España eran mujeres, como mínimo el 30% de la población.[29] A lo largo del siglo XVI la cantidad de esclavas se incrementa, inclusive en algunas ocasiones llegó a ser mayor que la de los hombres, ya que éstas eran requeridas para desempeñar diversas actividades relacionadas con las labores domésticas.

Estudios realizados por Pilar Gonzalbo en la capital colonial siguen denotando resultados similares: 57% correspondía a varones y el 43% restante a mujeres.[30] Por otra parte, sería relevante conocer la edad de los individuos. No obstante, es bastante complejo ya que en las boletas de compra-venta sólo se ponía una aproximación, según lo que aparentaban físicamente; además son muy pocos los documentos notariales en los que se anotaba ese tipo de datos, sin contar las omisiones por el contrabando.

---

[28] María Elisa Velázquez Gutiérrez, *Mujeres de origen africano...* 109.

[29] Citado en Claire C. Robertson & Martin A. Klein, *Women and slavery* ..., 4.

[30] Pilar Gonzalbo Aizpuru, *Familia y orden colonial*, 203 (México: El Colegio de México, 1998).

Africanas en la Nueva España

La cifra de mujeres que ingresaron a la Nueva España desde África es muy significativa. Éstas fueron despojadas de su lugar de origen y trasladadas a uno totalmente nuevo en contra de su voluntad; sin embargo, se convirtieron en una importante influencia cultural para indígenas, europeos y mestizos. Si bien las tareas que desempeñaron en el espacio doméstico, ya sea como amas de leche o nodrizas, cocineras, lavanderas o curanderas, no sólo produjeron ingresos a la economía local, sino que la reproducción de la vida cotidiana se vio sumergida en un proceso de mestizaje donde la transmisión de ciertos rasgos culturales produjo la creación de otros nuevos. Estas mujeres dieron forma y nuevos significados al engranaje de la sociedad novohispana. Con relación a esto, Gonzalo Aguirre Beltrán señala lo siguiente:

> Es posible identificar como africanos algunos hábitos motores, como el de llevar al niño a horcajadas sobre la cadera, o el de cargar pesos sobre la cabeza. [En] el sistema de parentesco [en] crisis del ciclo vital; religión y aun en la lengua, es posible reconocer formas inequívocas africanas.[31]

El grueso de la población femenina, en esos años de la colonia, estaba conformado por mestizas, indígenas y negras. Las mujeres españolas dirigían encomiendas, eran dueñas de empresas, minas u obrajes, en varias ocasiones fungían como administradoras de los negocios familiares. Dentro del ámbito privado su función recaía en la educación de los hijos, transmitiendo los valores morales y religiosos. Las mujeres mestizas se dedicaban principalmente a las labores domésticas, a la creación de artesanías, al comercio de menor escala y las

---

[31]   Gonzalo Aguirre Beltrán, *Cuijla: Esbozo etnográfico de un pueblo negro* (México: Fondo de Cultura Económica, 1985).

actividades agrícolas. Con respecto a las indígenas, sus labores dependían del sector social al que pertenecieran. Existía un pequeño grupo de *élite* que gozaba de privilegios menores; la mayoría se encargaba de las labores domésticas en condición de servidumbre y al comercio local.

Mientras tanto, las mujeres negras se encontraban en condición de esclavas, pertenecían a la mano de obra sobreexplotada, dedicándose al área de la agricultura y los servicios más pesados de las haciendas. Eran consideradas como simples objetos.[32] El empleo de estas mujeres en la vida cotidiana fue el medio para la disminución de la carga de trabajo doméstica, se desempeñaban en tareas de nodrizas,[33] cocineras, lavanderas o criadas, aparte de encargarse de una gran parte del trabajo cotidiano y ser la mano de obra para la manufactura. Poseer esclavos fue un importante símbolo de rango social. Una familia española, con cierta opulencia, asentada en el Nuevo Mundo, tenía en promedio dos o tres esclavas.

Las descendientes de origen africano se distinguieron de las demás mujeres; incluso su vestimenta era diferente. Según Francisco de Ajofrín: "El traje de las negras y mulatas es una saya[34] de embrocar (a modo de una basquiña[35] pequeña de seda, con

---

[32] Una mujer africana junto con sus hijos podía ser heredada. Véase Carmen Ramos Escandón, (compiladora), *Presencia y transparencia: la mujer en la historia de México*, (México: El Colegio de México, 1987). Pilar Gonzalbo Aizpuru, *Con amor y reverencia. Mujeres y familias en el México Colonial*, (Alicante: Biblioteca Virtual Miguel de Cervantes, 2005); Gonzalbo Aizpuru, *Las mujeres en la Nueva España. Educación y vida cotidiana*, (México: El Colegio de México, 1987).

[33] El uso de nodrizas, amas leche o *chichihuas* (término en náhuatl) para la crianza de niños fue una actividad muy recurrente para las esclavas africanas. Ya sea por practicidad o porque la madre fallecía, algo común, después o antes del parto. Además, el hecho de que la madre amantara se consideraba "poco civilizado": las mujeres negras eran las más aptas para esta actividad.

[34] Falda larga y cerrada.

[35] Prenda de vestir femenina usada como falda exterior, usada en ceremonias o actos religiosos.

sus corchetes de plata, y por ruedo una buena cinta o listón), la cual traen sobre la cabeza por lo angosto o cintura de la saya...".[36] Algunos viajeros relatan por su paso por la Nueva España que:

> las mestizas, mulatas y negras, que forman la mayor parte de la población, no pudiendo usar manto, ni vestir a la española y desdeñando el traje de los indios, andan por la ciudad vestidas de un modo extravagante, pues llevan una como enagua atravesada sobre la espalda, o en la cabeza a manera de manto, que las hace parecer otros tantos diablos.[37]

Las mujeres de origen africano crearon una forma singular de atuendo. Implementaron un código de vestimenta relacionado con su origen. Esto las distinguió de otras novohispanas. Su forma de vestir escandalizó a más de uno. El uso abundante de adornos como collares, brazaletes o pulseras y pendientes causaba extrañeza al tratarse de simples esclavas, así como la forma poco recatada de vestir causó un gran revuelo. Thomas Gage escribió al respecto:

> El vestido y atavío de las negras y mulatas es tan lascivo y sus ademanes y donaire tan embelezadores [*sic*], que hay muchos españoles, aun entre los de la primera clase, propensos de suyo a la lujuria, que por ellas dejan a sus mujeres [...] cúbrense los pechos desnudos, negros, morenos, con una pañoleta muy linda que se prenden en los [*sic*] alto del cuello a guisa de rebocillo, y cuando salen de casa añaden a su atavío una mantilla de linón o cambrai, orlada con una ronda muy ancha o de encajes; algunas la

---

[36] Francisco de Ajofrín, *Diario del viaje que hizo a la América en el siglo XVIII*, 81 (México: Instituto Cultural Hispano Mexicano, 1964)

[37] Giovanni Gemelli Carreri, *Viaje a la Nueva España. México a fines del siglo XVI*, 87 (México: Libro-Mex, 1995).

> llevan en los hombros, otras en la cabeza; pero todas cuidan de que no les pase de la cintura y les impida lucir el talle y la cadera [...] La mayor parte de esas mozas son esclavas, o lo han sido, y el amor les ha dado la libertad para encadenar las almas y sujetarlas al yugo del pecado y del demonio...[38]

Aunque en la sociedad novohispana en general el linaje se trasmitía patrilinealmente, las alianzas matrimoniales eran muy comunes para afianzar vínculos de poder. Dentro de los estudios de parentesco realizados por Pilar Gonzalbo se ha demostrado que las mujeres africanas tenían uniones matrimoniales con cualquier sector de la población, pero en número muy reducido.[39] La mayoría de las madres africanas no tenía una relación con sus hijos, ya que les eran separados desde edad muy temprana, y cuando los podían conservar mantenían una maternidad sin apoyo del padre. Las consideraciones de jerarquización estuvieron ligadas a la posición económica, al reconocimiento social, al origen cultural, a la ocupación, al género y a los rasgos físicos. Sobre esto escribió el viajero alemán Alexander von Humboldt: "En España, por así decirlo es un título de nobleza no descender ni de judíos ni de moros. En América, la piel más o menos blanca decide la posición que ocupa el hombre en la sociedad".[40]

La mezcla que se dio entre los diversos grupos europeos que llegaron desde la conquista española, junto con las numerosas etnias originarias de América, más "los obligados" —una numerosa cantidad de africanos, provenientes de diversos pueblos—, crearon en la Nueva España una mescolanza cultural

---

[38]   Thomas Gage, *Nuevo reconocimiento de las Indias Occidentales*, 180-181. (México, Fondo de Cultura Económica, 1982).

[39]   Pilar Gonzalbo Aizpuru, *Familia y orden colonial*, 309.

[40]   Véase Stanley J Stein & Bárbara H. Stein. "Sociedad y forma de gobierno", *La herencia colonial de América Latina*, (México: Siglo Veintiuno editores, 1993).

y diversos sincretismos. Durante los primeros años coloniales el cambio paradigmático para las africanas fue muy significativo: se enfrentaron a una nueva dinámica social, distanciada de sus culturas de origen. La violencia física y sexual era parte de la vida cotidiana.

De igual manera las prácticas y costumbres de las sometidas fueron desacreditadas, incluso consideradas diabólicas que atentaban en contra de los fundamentos de la fe cristiana. Bajo estas circunstancias los modelos de crianza africanos tuvieron que ser casi abolidos y adaptados a lo requerido por los europeos. Por ejemplo, la práctica de hechicería y la magia, si bien no fue exclusiva de las comunidades africanas, sí fue algo distintivo.[41] Incluso el Tribunal del Santo Oficio persiguió a las mujeres africanas acusadas por ejercer hechicería, actos mágicos y de superstición.[42] Si bien los casos de brujería no fueron motivo de cuantiosos procesos inquisitoriales, se relacionaban con mayor medida con la población africana.[43] Los delitos más comunes por los cuales eran acusadas eran: hechicería, blasfemia, bigamia, amancebamiento y herejía.

Al reconstruir la historia de la Nueva España es necesario tener en cuenta la contribución de los pueblos africanos, pues su aportación al patrimonio económico de la Corona fue fundamental. Las mujeres africanas y sus descendientes participaron en diferentes actividades que contribuían

---

[41] *Ex.gr.*, El caso de María Espinosa que en 1536 fue juzgada por efectuar ritos paganos o el de Ana Pérez de la Ciudad de México, negra horra, oriunda de Valencia de Aragón que en 1577 fue acusada por "hechicería, oraciones y conjuros reprobados por la Santa Madre Iglesia, mezclado en ellos misas y otras cosas sagradas invocando los demonios". AGN, Inquisición, vol. 128, exp. 14. ff. 5 y 7.

[42] María Elisa Velázquez Gutiérrez, *Mujeres de origen africano...* 241-243.

[43] El hecho de que lo indígenas estuvieran fuera de la jurisdicción del Tribunal del Santo Oficio y las diversas formas de combatir la idolatría indígena hicieron que las denuncias sobre hechicería y magia recayeran en este grupo social. Para mayor información véase Solange Alberro, *Inquisición y sociedad en México, 1571-1700*, (México: Fondo de Cultura Económica, 1988).

enormemente a la economía. Trabajaban en talleres, se dedicaban a actividades comerciales, algunas de ellas laboraban en obrajes, y otras más en actividades domésticas como criadas, amas de leche, lavanderas, mandaderas de convento o cocineras. La esclavitud se enfocaba a un solo objetivo: la posesión del ser humano para la explotación de su fuerza.

Conclusión

Aunque a pesar de que en las últimas décadas se ha aumentado el interés y las indagaciones relacionadas con el tema de los afrodescendientes y la identidad de los pueblos multiculturales, además de crearse lugares específicos para la investigación (como es el caso del Seminario Permanente Afroindoamérica —del Centro de Estudios sobre América Latina y del Caribe, perteneciente a la UNAM—; la Dirección General de Culturas Populares, Indígenas y Urbanas —de la Secretaría de Cultura, la cual tiene como objetivo salvaguardar y fortificar las diversas manifestaciones que sustentan a las culturas de los pueblos originarios, la población mestiza y afrodescendiente de México—; la Asociación Afrodescendencias —que ha dedicado sus esfuerzos a la investigación y combatir la discriminación—; o el Programa Nacional de Investigación Afrodescendientes dependiente del INAH —fundado en el 2013 con el objetivo de desarrollar actividades académicas de investigación, docencia y divulgación del conocimiento acerca de la historia y el presente de la población africana y afrodescendiente en México—) es necesario profundizar el análisis de la espesa conformación de la sociedad novohispana desde nuevas perspectivas y nuevas preguntas.

Es importante recalcar que la participación de las mujeres africanas no sólo es biológica sino cultural. Las africanas esclavizadas fueron arrancadas con violencia de su contexto cultural, propio del lugar de su origen, sujetas a organismos deshumanizantes. Muchas sufrieron los estragos del sometimiento de la esclavitud, violencia sexual y disgregación familiar. Asimismo, su destino y condiciones de vida dependían directamente de quién fuera su amo. Se enfrentaron, en los nuevos territorios, a tareas sumamente complejas y crearon una nueva cultura en condiciones hostiles. Las diversas mezclas entre las culturas africanas, europea e indígena no sólo son restos de materiales que se han generado históricamente o patrones de comportamiento, sino un intercambio de recursos culturales.[44] Las mujeres de ascendencia africana aportaron de forma colectiva en la idiosincrasia novohispana nuevas de formas de cocinar, de realizar las labores domésticas, elaborar nuevas prácticas espirituales y religiosas, desarrollar formas propias de música o danza, definir criterios de estética, códigos de vestimenta, así como nuevas expresiones lingüísticas.

El valor que representaron no fue sólo económico,[45] y aunque no se puede cuantificar el número exacto de esclavas en la Nueva España, se puede afirmar que su participación en la conformación de la sociedad novohispana fue fundamental. El estudio de la presencia y participación de las mujeres coadyuva a entender el proceso formación de la sociedad, no sólo novohispana, sino actual. De hecho, las mujeres desarrollaron relaciones complejas con los diversos sectores étnicos y sociales.

---

[44] Catharine Good, "Reflexiones teóricas sobre la cultura: hacia un enfoque histórico/procesual en Mesoamérica", en Julieta Aréchiga (coord.), *Memorias de la XXVI Mesa Redonda de la Sociedad Mexicana de Antropología. Migración, población, territorio y cultura*, 73-85 (México: Sociedad Mexicana de Antropología/UNAM, 2004).

[45] El costo de venta difería y existe poca documentación al respecto. *Ex.gr.*, Una esclava negra perteneciente a Martín Cortés fue comprada por el marqués de Falces en 600 pesos. Para mayor información véase Gonzalo Aguirre Beltrán, *Obra antropológica XVI. El Esclavo negro en la Nueva España*, 45 (México: Universidad Veracruzana/INI, 1994).

Bibliografía.

Aguirre Beltrán, Gonzalo. *La población negra en México*. México: Fondo de Cultura Económica, 1972.

Aguirre Beltrán, Gonzalo. *Cuijla: Esbozo etnográfico de un pueblo negro.* México: Fondo de Cultura Económica, 1985.

Aguirre Beltrán, Gonzalo, *Obra antropológica XVI. El Esclavo negro en la Nueva España.* México: Universidad Veracruzana/INI, 1994.

Aguirre Beltrán, Gonzalo. "La presencia del negro en México", *Revista del CESLA, 7.* Disponible en http://www.redalyc.org/articulo.oa?id=243320976020. Consultado el 6 de septiembre de 2018.

Alegría, Ricardo. *Juan Garrido, el conquistador negro en las Antillas, Florida, México y California.* San Juan: Centro de Estudios Avanzados de Puerto Rico y El Caribe, 1990.

Boullosa, Carmen. *Azúcar negra. El negro mexicano blanqueado o borrado.* México: Fondo de Cultura Económica, 2013.

De Ajofrín, Francisco. *Diario del viaje que hizo a la América en el siglo XVIII*, México: Instituto Cultural Hispano Mexicano, 1964.

Finley, Moses. *Esclavitud antigua e ideología moderna*, Barcelona: Crítica, 1982.

Gage, Thomas. *Nuevo reconocimiento de las Indias Occidentales*, México: Fondo de Cultura Económica, 1982.

Gemelli Carreri, Giovanni. *Viaje a la Nueva España. México a fines del siglo XVI*, México: Libro-Mex, 1995.

Gonzalbo Aizpuru, Pilar. *Las mujeres en la Nueva España. Educación y vida cotidiana*, México: El Colegio de México, 1987.

Gonzalbo Aizpuru, Pilar. *Familia y orden colonial*, México: El Colegio de México, 1998.

Gonzalbo Aizpuru, Pilar. *Con amor y reverencia. Mujeres y familias en el México Colonial*, Alicante: Biblioteca Virtual Miguel de Cervantes, 2005. Disponible en http://www.cervantesvirtual.com/nd/ark:/59851/bmcbp0d0. Consultado el 10 de septiembre de 2018.

Good, Catharine. "Reflexiones teóricas sobre la cultura: hacia un enfoque histórico/procesual en Mesoamérica", en Julieta Aréchiga (coord.), *Memorias de la XXVI Mesa Redonda de la Sociedad Mexicana de Antropología. Migración, población, territorio y cultura*, México: Sociedad Mexicana de Antropología/UNAM, 2004.

Hugh, Thomas. *La trata de esclavos. Historia del tráfico de humanos de 1440 a 1870*, Barcelona: Editorial Planeta, 1998.

Iliffe, John. "El tráfico de esclavos en el Atlántico", *Historia de un continente. África*, 2ª ed., Madrid: ediciones AKAL, 2013.

Martínez Montiel, Luz María. "Trabajo esclavo en América. Nueva España", *Revista del CESLA*, 7, Varsovia: 2005, pp. 135 – 150.

Martínez Montiel, Luz María. *Afroamérica I. La ruta del esclavo*, México: Universidad Nacional Autónoma de México, 2006.

Martínez Montiel, Luz María. *Africanos en América*, La Habana, Cuba: Editorial de Ciencias Sociales, 2008.

Meillasoux, Claude. *Antropología de la esclavitud*, Madrid, España: Siglo Veintiuno, 1990.

Millán, Saúl. "El sincretismo a prueba. La matriz religiosa de los grupos indígenas en Mesoamérica", *Dimensión Antropológica*, 23, septiembre-diciembre, 2001, pp. 33-49. Disponible en http://www.dimensionantropologica.inah.gob.mx/?p=655. Consultado el 8 de mayo de 2018.

Phillips, Williams. *La esclavitud desde la época romana hasta los inicios del comercio trasatlántico*, México: Siglo XXI, 1989.

Ramos Escandón, Carmen (compiladora). *Presencia y transparencia: la mujer en la historia de México*, México: Colegio de México, 1987.

Robertson, Claire C. & Martin A. Klein. *Women and slavery in Africa*. Wisconsin, Estados Unidos: The University of Wisconsin Press, 1983.

Stein, Stanley J. y Bárbara H. Stein. "Sociedad y forma de gobierno", *La herencia colonial de América Latina*, México: Siglo Veintiuno editores, 1993.

Velázquez Gutiérrez, María Elisa. *Mujeres de origen africano en la capital novohispana, siglo XVII y XVIII*, México: Instituto Nacional de Antropología e Historia-Universidad Nacional Autónoma de México, 2006.

Vila Vilar, Enriqueta. *Hispanoamérica y el comercio de esclavos*, Sevilla: Universidad de Sevilla, 1977.

El comercio de productos de prestigio en el área maya

Alejandra ARTEAGA GARCÍA

Introducción

La diversidad de materiales que se presentan, sobre todo en objetos suntuarios, demuestra la calidad de manufactura en distintos elementos encontrados en las ofrendas mesoamericanas, y en particular en el área maya. Manifiestan una compleja red de intercambio que denota prestigio entre las elites mayas. Ahondar en la valoración, el significado y la autoridad que representaba usar tales objetos incorpora una temática interesante para reflexionar en torno al alcance comercial que tuvieron los antiguos mayas, para reunir las grandes cantidades de elementos confeccionados en sus propios estándares de uso y estética que nombramos como arte maya hoy en día.

Esta investigación pretende resaltar la importancia que los antiguos mayas otorgaron a las piezas creadas a partir de piedras preciosas, junto con la trascendencia material simbólica y ritual con la que cargaban significado a los objetos que conocemos. Será interesante acentuar a este respecto el contexto cultural al que hacen referencia este tipo de materiales, la jerarquización social de quien las porta, así como la asociación cosmogónica dentro de la tradición, el alcance comercial que llevó a los pueblos mayas a diversas etapas de florecimiento. Y, por lo tanto, al acceso a la variedad de productos de prestigio, haciendo énfasis sobre las piedras preciosas por las que tuvieron predilección.

La concepción valorativa que asumieron los mayas presupone una visión del mundo que daba a los objetos una carga utilitaria más allá de la decorativa, completamente diferente a la nuestra (que se caracteriza por un consumismo desechable y exacerbado). Es necesario complementar el tema desde diferentes perspectivas con la intención de sumergir al lector en un contexto histórico-social reconstruido a partir de los restos arqueológicos materiales.

Es imprescindible revisar fuentes que introduzcan al tema general del comercio precolombino, hasta las más especializadas dentro del área maya, donde se tocan aspectos que los vinculan con los mexicas hacia finales del Posclásico Tardío principalmente. Es el caso de *Puertos de intercambio en Mesoamérica prehispánica* de Anne Chapman, quien acuñó el término "puertos de intercambio",[1] para designar las localidades específicas donde se llevaban a cabo las transacciones comerciales entre foráneos y locales.

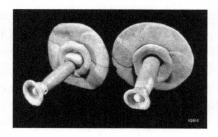

Otro de los trabajos pioneros es *El comercio de los mayas antiguos* de Amalia Cardós, quien rastrea en fuentes coloniales los productos de intercambio. Además de hacer un compendio de los elementos comerciados, revisa los materiales recuperados en contextos arqueológicos. Una recopilación más actual de trabajos acerca del tema es *Caminos y mercados de México,* coordinado por Janet Long y Amalia Attolini, que revisa investigaciones anteriores.

Contexto sociocultural

---

1   Anne M. Chapman, *Puertos de intercambio en Mesoamérica prehispánica* (México: Instituto Nacional de Antropología e Historia, 1959), 11.

Los elementos que conforman al maya antiguo parten de un todo indivisible que conocemos con el nombre de cosmovisión, creada por componentes individuales y grupales muy diversos; experiencias y constructos imaginarios en colectivo que articulan el quehacer social, permiten comprender el cosmos y dar explicación a la existencia del hombre dentro del entorno natural. Permea cada actividad, ya sea consciente o inconscientemente. Por eso es necesario introducirnos al mundo maya, para tratar de entender el vasto universo de representaciones que vemos en cerámica, murales, códices, arquitectura y objetos suntuarios varios.

En el Clásico Temprano (300-500 d.C.), con la configuración de un poder centralizado,[2] toma relevancia la figura del ahaw o "señor", considerado el eje del mundo y dirigente de metrópolis, que se vuelven sedes que buscan agradar a los dioses y llegar a la abundancia que se refleja en cada manifestación artística. Desde las primeras estelas se muestra el vínculo divino del gobernante, donde se personifica con atavíos de poder político afines a un discurso religioso y en donde se manifiestan los conocimientos de técnicas depuradas en conjunto, tanto de arquitectura, estética y de escritura maya tan característicos.

La base económica fue la agricultura, con extensa variedad de productos: maíz, chile, frijol, tomates, entre muchos más. Otros fueron destinados a cubrir necesidades diversas como los textiles de algodón, tinturas, materiales de construcción como caoba, cedro o chicozapote; y elementos de prestigio como el tabaco y el cacao. Gracias a la manufactura de éstos, refinaron técnicas desempeñadas por especialistas, que a su vez se vieron favorecidas por el intercambio en toda Mesoamérica.

---

2   Es complicado definir la estructura social de esta cultura y el tema es muy extenso para exponerlo en esta breve investigación.

El conocimiento agrícola atiende la comprensión tanto del suelo que cultivaron como del cielo que observaron para inferir las estaciones propicias de siembra y cosecha de la tierra, como elementos mucho más complejos respecto al cálculo del tiempo, agrupado en grandes ciclos que intervinieron en casi todos los aspectos de la vida diaria, con la creación de cuentas calendáricas desarrolladas que retomaron de la cultura mixe-zoque. Permearon su existencia de cuentas calendáricas y sacralizaron actividades en tiempos consagrados a rituales definidos para conmemorar ciclos de vida respecto al universo. Utilizaron y desarrollaron una simbología muy particular.

Es evidente el nexo que vincula a los antiguos mayas con los animales y los elementos naturales, pues las representaciones que dejaron se encuentran plagadas de ellos. Queda al descubierto la importancia simbólica en sus creaciones, tanto por la cantidad de materiales como por la calidad gráfica en conjunto; esa clase de mensaje visual es un buen ejemplo de la impresión que ellos concebían del mundo para expresar a seres sobrenaturales con los que convivían a diario, y que formaban parte intrínseca de la explicación del universo, un mundo que se encontraba fuertemente ligado al plano concreto del hombre dentro del mundo natural, social y sobrenatural, con una explicación unificada. La abundancia de entidades que estaban relacionadas con los niveles cósmicos de existencia, el tiempo, la vida y la muerte, explicaciones que se entrelazaban con las fuerzas divinas en cada aspecto de la vida diaria para los exponentes de esta gran civilización.[3]

Eliade[4] nos ofrece una perspectiva interesante con respecto al orden simbólico explicativo de la existencia. Expone que el símbolo, la imagen y el mito cuentan con un componente espiritual de la vida, y que esta esencia no puede extinguirse nunca, sólo ha de ser transformada a través del tiempo y de los hombres en diferentes contextos. El hombre crea el pensamiento simbólico para poder revelar de modo material los secretos más íntimos para la mente, deja entrever un entendimiento más profundo del ser como un conjunto de saberes y elementos que lo conforman como parte íntegra de su naturaleza humana.

El reconocimiento del entorno sobrenatural en el Clásico (300-900 a.C.) se plasma en diversas obras de carácter mitológico. Se materializa en cada monumento, panel y decoración cerámica dentro de las grandes metrópolis, y es difundida por el fuerte comercio. En su estudio podemos reconocer ornamentos de las principales deidades, así como identificar algunas propiedades. Por otro lado, contamos con el desciframiento cada vez más avanzado de la escritura maya, que nos permite acceder a los textos grabados en las ciudades donde se alude a la construcción de ciertos edificios destinados a deidades. La expresión con que se denomina a las deidades es k'u para referirse al concepto de "dios" y a sus derivados "sagrado/santo".[5]

Encontramos un mundo sacralizado mediante las diversas actividades que los mayas realizaron a través del tiempo. Eliade, al referirse al espacio sagrado, habla de una primera diferenciación del mundo a partir del hombre que lo dota de representatividad y orden como una inaugural experiencia religiosa, ya que se

---

3   Mercedes de la Garza, *El universo sagrado de la serpiente entre los mayas* (México: UNAM-Instituto de Investigaciones Filológicas, Centro de Estudios Mayas, 1998), 44-47.

4   Mircea Eliade, *Imágenes y símbolos. Ensayo sobre el simbolismo mágico-religioso* (Madrid: Taurus, 1979), 11-12.

5   Alejandra Martínez de Velazco y María Elena Vega, *Los mayas: voces de piedra* (México: Ámbar Diseño, 2011), 182.

asemeja a la creación fundadora, distingue y a la vez crea una realidad diferenciada que establece la explicación del mundo. Esto los ubica en un punto fijo concéntrico donde se "crea al mundo", lo orienta y lo construye ritualmente como espacio sacralizado, lo aleja del caos para poder habitarlo.[6]

El templo es el arquetipo sagrado por antonomasia; posibilita el vínculo con lo divino, trasciende el plano terrenal. Sirve como una especie de portal que permite la movilidad entre las deidades y los hombres, destaca la manifestación de un elemento indiscutiblemente sagrado, mediante diversos rituales a semejanza de las propias deidades, alude a indicios significativos como en las figuras dotadas de características sacralizadas, constituyen algunos de los símbolos más relevantes. [7]

Dichos modelos siguen un patrón cósmico orientado con los astros y el ambiente para tratar de asemejar a lo divino de la naturaleza, se hacen partícipes del plano superior del cosmos durante la vida diaria de los hombres a través de la construcción de ciudades alusivas a un ideal divinizado, mediante un acto de creación que proviene de introducir orden al caos, que es lo desconocido y agreste de la naturaleza, mediante la manifestación de la utilidad y perdurabilidad de las construcciones, consagran de ésta manera una realidad colectiva.[8]

Formas de intercambio precolombino

Con respecto a algunos términos económicos y conceptos relacionados con modos de producción, debemos tener presente que tanto las formas de manufactura como de intercambio de materias primas en Mesoamérica son específicas a las características geográficas y culturales que se entretejen con una forma muy particular de concebir el mundo y su ingerencia en el mismo. Desde una perspectiva explicativa comercial en el área maya, reflejan aspectos de desarrollo material muy

---

6   Mircea Eliade, *Lo sagrado y lo profano* (Barcelona: Paidós, 1998), 9-11.

7   *Ibid.*, 24-27.

8   Mircea Eliade, *El mito del eterno retorno. Arquetipos y repetición* (Buenos Aires: Emecé Editores, 2001), 9-11.

diferentes a lo que actualmente conocemos como parte del sistema económico moderno.

Un ensayo interesante para reflexionar al respecto es el estudio de Robert Drennan, donde enfatiza el tema del intercambio interregional y "cómo algunas perspectivas nos ayudan a comprender los procesos de cambio en las sociedades de Mesoamérica".[9] Desde un acercamiento arqueológico, se ponderan elementos de intercambio para el estudio del desarrollo y la manera de vincularse entre los diferentes pueblos en el área de estudio. Este último aspecto es el más difícil de rastrear, pues los diferentes componentes que intervienen en dicho intercambio necesitan una búsqueda más inquisitiva de información, aspectos territoriales de control y otros temas que reflejen el desarrollo social a partir de los restos materiales disponibles, junto a las redes de intercambio, no sólo de productos sino también de técnicas y crecimiento regionales desde una configuración mucho más general de mutua influencia con marcadas huellas de conocimientos económicos, ideológicos y políticos reflejados en el intercambio interregional que intervienen.

Clasifica los recursos de intercambio en tres: bienes de uso práctico, artículos de lujo e información. Los primeros son los neurálgicos dentro del orden económico, pues los emplea la mayor parte de la población para diferentes prácticas dentro de las familias y de manera local. La información se relaciona con la relevancia ideológica, simbólica y ritual que comparten las diferentes zonas, registrada por símbolos grabados en los utensilios intercambiados. En los artículos de lujo se refleja la jerarquía política, así como la legitimación del poder, pues conjunta el prestigio de quien lo porta con la fuerza ideológica y con la que la pieza lleva, ya sea en símbolos o materiales preciosos, demostrando una posición de alta jerarquía social. Precisamente son estos bienes de prestigio donde podemos

---

9   Evelyn Childs Rattray, *Rutas de intercambio en Mesoamérica. III Coloquio Pedro Bosch-Gimpera* (México: UNAM, Instituto de Investigaciones Antropológicas 1998), 23-39.

observar tanto los aspectos económicos, políticos e ideológicos en torno al intercambio mesoamericano; gracias a los contextos arqueológicos en los que se distribuyeron podemos evaluar el papel que representaron socialmente.[10]

Con la explotación de recursos preciosos se accede al intercambio con otras zonas y permite la acumulación de riqueza en manos de la elite del lugar de exportación, sostenida económicamente, y forman centros con sistemas de intercambio interregional, generando estratificación social y centralización del poder.[11] La relevancia con que dotaron a los productos de lujo funge como los exponentes más destacados del intercambio a larga distancia e identifican el poder adquisitivo de quienes los poseían, por el difícil acceso y transporte que involucran.

El control sobre las mercancías de lujo refleja condiciones que benefician a los grupos importadores y exportadores y el valor que se les asigna dependiendo del proceso de elaboración que necesiten. Los compradores los dotan de un valor político aunado al económico, que contiene costos de producción y traslado. Junto a la escasez del producto condiciona una jerarquía para quien los porta y controla: las elites regionales. Genera una competencia entre diferentes coaliciones dentro de la jerarquía local, permitiendo que ese valor político se vuelva uno económico, que es aprovechado por la elite.[12]

Los costos de fabricación son los mismos con respecto al de los importadores y se benefician por la transformación de elementos preciosos en bienes suntuarios, favoreciendo al especialista del trabajo y al intercambio de excedentes, traduciéndose en una utilidad política a partir de una transacción comercial; crean dependencia económica a partir del control regional, en relaciones asimétricas de un núcleo a los diferentes alrededores económicos, generando una concentración del poder jerárquico, modelos que necesitan del control de materia prima escasa

---

10 *Ibid.*, 25-26.

11 *Ibid.*, 27-28

12 *Ibid.*, 28.

para provocar un nivel de despliegue político que en otras circunstancias no existiría.[13]

Las primeras piezas comerciadas en Mesoamérica durante el Preclásico fueron nódulos y utensilios de obsidiana, que debieron trasladarse en bruto gracias a las características de fragilidad y filo de las piezas, así como mercancías suntuosas y elementos de uso ritual, principalmente entre pueblos cercanos unos de otros. Es posible que existiera una estrecha relación entre dichos intercambios, necesidades tecnológicas y ciertos conceptos religiosos.[14]

El comercio fue extendiéndose con el paso del tiempo, gracias a la coexistencia y comprensión de grupos más retirados, ampliando sus redes de operación. Así, los pueblos del Formativo o Preclásico (siglos XV a.C.-III d.C.) maya intercambiaron las conchas del Atlántico y del Pacífico, la serpentina y nefrita de Guerrero, cuyas relaciones con los grupos costeros de ambos océanos y aún con sus vecinos de Centroamérica eran patentes.[15]

Piña Chan menciona que tanto los elementos arqueológicos como las materias primas que contribuían para su elaboración como jade, obsidiana, andesitas, serpentina, pedernal o concha, muestran un intercambio local y exterior entre los diferentes grupos precolombinos durante el periodo Preclásico, aumentando los vínculos y generando alianzas entre los grupos que fueron intercambiando nociones comunes acerca del mundo, revelando auge comercial a la par del desarrollo cultural en conjunto.[16]

---

13   *Ibid.,* 28-29.

14   N. del E.: más bien fueron conchas marinas y jade. La obsidiana sólo se comerció por causa de su rareza: color, translucidez, opacidad, etcétera. Luis Rodrigo Álvarez, *Las rutas, los productos y el comercio prehispánicos en el sur y sureste de Mesoamérica. Un enfoque arqueológico* (México: Instituto de Investigaciones Sociológicas de la Universidad Autónoma "Benito Juárez" de Oaxaca, 2006), 38.

15   *Ibid.,* 38-40

16   Román Piña Chan, *Chalcatzingo, Morelos* (México: Informes INAH No. 4, Instituto Nacional de Antropología e Historia, Secretaría de Educación Pública, 1957), 921.

Cardós[17] dice del comercio en el área maya que las piezas arqueológicas del periodo Preclásico muestran al intercambio como un elemento conciliador entre pueblos de esta zona, y deduce que dentro del sistema económico debió haber un comercio fundamentado en el trueque de diferentes artículos y materias primas, fundamentalmente entre grupos próximos, por ejemplo, en el sitio guatemalteco de Uaxactún; los restos de obsidiana y piedra volcánica aluden a vínculos con las tierras altas, las conchas marinas muestran contacto con la costa Atlántica; y también vínculos con pueblos del Pacífico que se revelan gracias a figurillas de barro.

Las piezas de lujo como las piedras preciosas contribuyeron al desarrollo de estos grupos gracias a las redes de intercambio que favorecieron el flujo de ideas, técnicas y saberes diversos de otras comunidades, la asimilación y uso de materias primas novedosas y elementos de otras zonas, permitieron el crecimiento exponencial de conocimientos difundidos a través de intercambios culturales.

El transporte de artículos y la construcción de rutas de intercambio, estuvieron dominados a través de accidentes orográficos, y mediante el aprovechamiento de los cauces fluviales y costeros, sobre canoas o balsas; depende la ocasión del trayecto y del artículo, intervenían ambas vías de comunicación, por ejemplo al trasladar sal, tequesquite, cacao y algunos objetos cerámicos del Soconusco;[18] dada la extensión del trayecto que surcaban el valor de dichos objetos se elevaba, sumado al valor intrínseco de las piezas.

Las diferentes rutas terrestres en Mesoamérica fueron extensas, cada elemento o bulto fue desplazado por personajes que cargaban las mercancías por varios kilómetros de distancia al día; depende de las características del camino y las condiciones

---

17   Amalia Cardós de Méndez, *El comercio de los mayas antiguos* (México: Escuela Nacional de Antropología, Sociedad de alumnos, 1959), 10-11.

18   Álvarez, *Las rutas...*, 46.

climáticas del suelo, acondiciona físicamente al hombre que los transitaría. El camino denotaba en el imaginario prehispánico mucho respeto, pues se le tenía una concepción sobrenatural, ya que para estos grupos era común el asignarle un "alma" o alguna deidad patrona a cada aspecto con el que interactuaban cotidianamente, para el caso de los mayas Ek Chuah era el señor de los comerciantes y de la guerra.[19]

El comerciante maya, quien representaba una fracción clave en la organización social, conocía las diferentes zonas y rutas comerciales, inclusive eran una vía de comunicación entre los pueblos pues recorrían las veredas; algunos otros más instruidos en conocimientos y técnicas marítimas, trasladaban sus productos en canoas por los ríos y costas.[20]

La zona que comunicaba el centro y sur mesoamericano, gracias a su ubicación geográfica es la chiapaneca, también fueron las rutas naturales de intercambio en dirección de la llanura del Pacífico por los relieves serranos y montañosos que la atraviesan, dificultando su tránsito. Esta área ejemplifica la asociación de rutas terrestres y fluviales aprovechadas para el comercio, migración y para la guerra.

---

19 *Ibid.,* 46-47

20 Amalia Attolini Lecón, "Intercambio y caminos en el mundo maya prehispánico", en *Caminos y mercados de México,* Amalia Attolini Lecón y Janet Long Towell, coords. (México: UNAM- Instituto Nacional de Antropología e Historia, 2013), 53.

Desde 1800 a.C. la obsidiana, originaria de diferentes depósitos guatemaltecos, ha sido intercambiada en el Soconusco, y posteriormente se han localizado piezas introducidas desde Pachuca, Orizaba, Veracruz y Zinapécuaro; así como estatuillas de barro en Chiapa de Corzo con características similares a las de La Venta en Tabasco y de San Lorenzo Tenochtitlán en Veracruz. Las esculturas de Tzuzuculi y Pijijiapan también denotan influencia olmeca durante el Preclásico Medio, y el intercambio de conocimiento entre el Golfo y Chiapas, ya que para su fabricación los escultores necesariamente tuvieron que ser verdaderos especialistas en iconografía olmeca para manufacturarlos.[21]

En Izapa y Chiapa de Corzo se conocen ofrendas fúnebres con cerámica Usulután (El Salvador) para fines del periodo Preclásico; también escultura, cerámica y arquitectura de estilo teotihuacano durante el Clásico. Durante finales del Clásico y principios del Posclásico (800-1000 d.C.) la cerámica plomiza, característica por sus tonos naranjas o grises lustrosos, fue elaborada en el territorio del Soconusco de Chiapas y Guatemala, e intercambiada hacia todas las regiones de Mesoamérica. Los artículos de metal encontrados en el área chiapaneca eran importados desde Centroamérica, Michoacán y Oaxaca durante el Posclásico Tardío (1250-1500 d.C.); durante esa misma temporalidad los mexicas habían conquistado el Soconusco para exigir tributo de cacao y otras mercancías.[22]

Vínculos y disputas por la hegemonía del poder se ven reflejadas en el ir y venir de los caminos que conectaron a toda Mesoamérica, atravesaron enormes superficies intercomunicadas por las rutas ancestrales de Chiapas, gracias a senderos más activos y eficientes. Navarrete ordena esta amplia red de comunicación por sistemas de ejes principales y secundarios, condicionados por las características geográficas que atravesaron. Llama "sistemas eje" a las rutas que siguen el patrón dado por el paso natural

---

21 Childs Rattray, *Rutas de intercambio...*, 239 y 241.

22 *Ibid.*, 241.

del entorno, como el que sigue el cauce del río Grijalva desde Comalcalco (costa del Golfo) hasta Guatemala; o la ruta que atraviesa la costa del Pacífico desde la Laguna Superior cerca de Tehuantepec hasta las costas de Guatemala.[23]

El control comercial que tuvieron los chontales gracias a las rutas fluviales les permitió dominar desde la región de Tabasco y Campeche, donde se conocen puertos relevantes para el intercambio como Xicalango, Potonchán en la ribera del río Grijalva, Tixchel cerca de la Laguna de Términos, e Itzamkanac a orillas del río Candelaria. Ejecutaron y perfeccionaron sus conocimientos en navegación comercial hacia la península yucateca y el área centroamericana, durante el Preclásico hasta la llegada de los españoles a costas yucatecas en el Postclásico.[24]

Debido al aprovechamiento de las corrientes de dos de los ríos más relevantes del sureste mexicano: el Usumacinta y el Grijalva, utilizados como redes de transporte o seguidos como ejes guía, atravesaron grandes rutas extendidas por ríos como Chacamax, San Pablo, San Pedro Mártir, Palizada, Candelaria, entre otros; hasta desembocar en la Laguna de Términos.[25]

Preciosidades de intercambio

El contexto ceremonial está íntimamente relacionado con el intercambio de regalos espléndidos y con la manera como se fortalecían las relaciones políticas entre gobernantes o alianzas estratégicas entre elite extranjera y local, por medio de intereses que enlazaban a las diferentes entidades políticas de Mesoamérica.[26]

---

23 *Ibid.,* 242-243.

24 *Ibid.,* 259-260.

25 *Ibid.,* 265.

26 Pedro Carrasco y Johanna Broda, *Economía política e ideología en el México prehispánico* (México: Nueva imagen, Instituto Nacional de Antropología e Historia, 1978), 90-92.

Existen símbolos representativos de estatus, figuran en objetos que comunican la jerarquía, muestran el fundamento de poder social vinculado a su dueño. Son distintivos, fabricados con materiales preciosos, presentan decoración y necesitan destacada habilidad artesanal para su confección; lo que eleva su valor comercial. Adquieren relevancia de vínculos ideológicos con deidades, ancestros, fuerzas sobrenaturales y sucesos históricos, que los convierten en adquisiciones exclusivas.[27]

La aceptación ideológica dentro de la jerarquización del poder entre los gobernantes y los habitantes de las grandes urbes mesoamericanas, se expone simbólicamente en el carácter político, ante un sistema regional de dominio de un gobierno conformado por un grupo de elite, exponiendo diferentes mecanismos de control tanto económicos, políticos y religiosos.[28]

Entre los productos de lujo intercambiados por los mayas tenemos jade, espejos de pirita, conchas marinas, cerámica y espinas de mantarraya; se considera que las elites pudieron

27 Rafael Fierro Padilla. *La cerámica como indicador de estatus social en contextos funerarios de la élite gobernante en Palenque, Piedras Negras y Yaxchilán* (México: Secretaría de Cultura, Instituto Nacional de Antropología e Historia, 2016), 59.

28 Childs Rattray, *Rutas de intercambio...*, 93.

organizar la producción y distribución de las mercancías de prestigio, sobre todo la cerámica polícroma. [29]

El jade fue muy valorado y usado para la confección de diversas piezas de prestigio en Mesoamérica, se estima como el material del poder social por excelencia, por sus tonalidades, resistencia, brillo y propiedades sonoras; además se le han atribuido poderes místicos y mágicos, así como atributos curativos.[30]

En realidad, el término jade hace alusión a dos tipos de piedra aunque con características minerales diferentes: la nefrita y la jadeíta. La jadeíta tiene depósitos en Guatemala, cerca del río Motagua. Se han reconocido piezas de este material en las islas de las Antillas, con la cultura taína.[31]

El uso del jade tiene una connotación sociocultural mayor, expresada en concepciones como *chalchíhuitl* en náhuatl, que denota una categorización cultural de diversas piedras verdes agrupadas como las "más preciosas de todas las piedras preciosas".[32] De condición sagrada, el jade ha sido apreciado por valores añadidos a través de una compleja labor lapidaria: se elaboraron muchas piezas, empleadas como elementos utilitarios, funerarios y rituales o decorativos, confeccionadas con gran habilidad artesanal y consiguieron cualidades de refinamiento.[33]

---

29 Fierro Padilla, *La cerámica como indicador...*, 33

30 Walburga Wiesheu y Gabriela Guzzy, *El jade y otras piedras verdes. Perspectivas interdisciplinarias e interculturales* (México: Secretaría de Educación Pública, 2012), 9.

31 *Ibid.*, 10-11.

32 N. del E.: Pero en bruto, sin tallar.

33 *Ibid.*, 12-13.

Por ejemplo, usar máscaras de este material constituyó un componente importante de la parafernalia ritual de las elites mayas del Clásico, en ceremonias públicas y privadas como el culto a los ancestros, sacrificios, representaciones históricas y bailes. Posiblemente representaron gobernantes y ancestros importantes. Al ser fabricadas de materias primas valiosas, resultaban piezas con relevancia simbólica dentro del universo material. Se ha propuesto que se empleaban en circunstancias de representación, personificación e invocación; eran emblemas de poder.[34]

Se ha planteado que dichas máscaras transportaban entidades anímicas, ya que se asocian a la fuerza vital universal conocida como ik, pues cada cosa, animal, planta y edificación eran copartícipes de esta fuerza vital junto a los seres humanos.[35]

El jade para los mayas lleva una carga simbólica ancestral; "es decir, el jade era valorado por su belleza y su calidad artística y por estar hechos de la sustancia que simbolizaba a los ancestros, tanto los del linaje propio como los más lejanos, los antepasados culturales".[36]

El ámbar era otro de los artículos extraídos desde épocas tempranas del área central chiapaneca, pues las únicas vetas se encontraban en Totolapa y Simojovel, desde donde se exportaba hacia regiones muy apartadas.[37]

---

34 *Ibid.,* 117.

35 *Ibid.,* 132.

36 *Ibid.,* 134.

37 Childs Rattray, *Rutas de intercambio…,* 241–242.

El ámbar es una resina fósil de origen vegetal, petrificada, formada en el Oligoceno a partir de la *Hymenæa* (una especie de leguminosa extinta). Gracias a su translucidez, se aprecian plantas y animales apresados en la resina; también se carga de corriente eléctrica sin ningún esfuerzo, tal vez por eso se le concedieron atributos mágicos. Se le vincula a ceremonias rituales, fúnebres y a la medicina tradicional; por sus características era quemado y ofrecido a las deidades prehispánicas.[38]

Aunque para los mexicas fue un objeto precioso muy valorado, considerado de lujo y ornamental, con uso exclusivo por las elites gobernantes, guerreras y comerciantes; como símbolo en reconocimiento al valor. Para los mayas su uso estaba más generalizado: lo portaban en forma de orejeras y narigueras, éstas últimas también fueron usadas por mujeres. Dentro de la medicina combatía enfermedades del corazón, reumatismo, epilepsia, amnesia y pérdida de la razón, cólicos, entre otras, siempre revestido de un carácter mágico–religioso como amuleto.[39]

---

38 María Elena Vivianco Bonilla, "El ámbar en Mesoamérica." Tesis para obtener el título de licenciada en Arqueología. Escuela Nacional de Antropología e Historia. Instituto Nacional de Antropología e Historia, 1992, 144-146.

39 *Ibid.*, 146-147.

Pachén, zona arqueológica chiapaneca,[40] muy próxima a las minas de ámbar, debió desempeñar un papel muy importante para la explotación, tallado y sobre todo para intercambio, ya que tuvo un intenso comercio hacia las zonas mixteca, zapoteca y del Altiplano Central, que se remonta al Preclásico. La producción de este material cubrió funciones prácticas y funciones sagradas.[41]

Otro objeto precioso para los mayas fue los espejos de pirita, obsidiana o hematita. Se estima que poco más del sesenta por ciento han sido encontrados en contextos arqueológicos del área maya, relacionados con el poder político y religioso. Estas piezas debieron detentar gran prestigio en toda Mesoamérica, como objeto suntuario, ritual, de estatus y ornamental; ya que su comercio llegó a extenderse desde el sureste estadounidense hasta Centroamérica.[42]

Para los mayas los objetos brillantes eran atesorados, y los que podían reflejar no fueron habituales sino de uso exclusivo, con valor simbólico y religioso, ya que permitían acceder al mundo sobrenatural de las deidades y los ancestros. Gracias a la habilidad de manufactura técnica y el tiempo que se necesitaba para crearlos son considerados como los más complejos de fabricar; por lo mismo se distinguía con prestigio a los creadores y poseedores de espejos.[43]

Hasta aquí hemos podido examinar que los productos de prestigio, portan una connotación simbólica respecto al poder sobre fuerzas externas al hombre. Como parte de su naturaleza social, las elites mayas accedieron al uso exclusivo como portadoras. Es muy probable que el control del intercambio que permitió obtener las materias primas necesarias para la

---

40 N. del E.: De la cultura zoque, distinta a la maya

41 Viviano Bonilla, "El ámbar...", 148-152.

42 Lorena Mirambell y Leticia González Arratia, *Estudio de lítica arqueológica en Mesoamérica* (México: Secretaría de Cultura, Instituto Nacional de Antropología e Historia, 2017), 109-110.

43 Mirambell y González Arratia, *Estudio de lítica arqueológica...*, 99-106.

confección de artículos de prestigio en toda Mesoamérica estuviera bajo custodia de las clases altas.

Las características suntuarias de los materiales estuvieron relacionadas con el uso práctico en creencias religiosas y rituales que aún están por investigarse más a detalle. Lo que sí podemos apreciar es que la mayoría de productos de prestigio se ven relacionados por peculiaridades semejantes, como luminosidad, transparencia, intensidad de color, resistencia; así como el hecho de que provienen de yacimientos cargados de concepciones asentadas en el imaginario mágico-religioso de la explicación del cosmos y de la incidencia del hombre en la naturaleza.

El comercio, que motivó una dinámica económica a gran escala gracias a la demanda de estos objetos, permitió la jerarquización política en las grandes metrópolis mayas, así como la búsqueda y explotación de recursos para confeccionarlos. Posibilitaron la construcción de asentamientos cerca de los yacimientos y facultaron el perfeccionamiento de técnicas especializadas, que a su vez permitieron dinámicas socioculturales a través del intercambio con otras sociedades, compartieron y enriquecieron conocimientos que utilizaron de manera particular al resto de Mesoamérica, desde hace más de dos mil años.

Como vemos, el comercio presenta perspectivas de investigación muy vastas, pues está ligado a todo el soporte social completo, pertenece a la dinámica de vida del ser humano que busca, se pregunta y actúa en su medio natural para construir su medio cultural. Crea su mundo al conocerlo y al explicarlo, todo esto lo experimenta en sí mismo, pues al hacerlo se conoce y se explica a sí mismo como parte del cosmos.

Bibliografía

Álvarez, Luis Rodrigo. *Las rutas, los productos y el comercio prehispánicos en el sur y sureste de Mesoamérica. Un enfoque arqueológico*. México: Instituto de Investigaciones Sociológicas de la Universidad Autónoma "Benito Juárez" de Oaxaca, 2006.

Andrews, Anthony. "El comercio marítimo de los mayas del posclásico." En *Arqueología Mexicana* VI 33 (1998): 16-23.

Attolini Lecón, Amalia. "El comercio en la zona maya durante el posclásico." *Apuntes para una caracterización del modo de producción de la sociedad maya, Memoria del primer congreso interno de investigación*. México: Instituto Nacional de Antropología e Historia. Departamento de Etnohistoria, 1984.

----------------------."Los placeres del paladar. Los caminos de las mercaderías entre los mayas prehispánicos". En *Arqueología Mexicana* XXI 122 (2013): 48-53.

--------------------."Intercambio y caminos en el mundo maya prehispánico". En *Caminos y mercados de México*., coordinado por Attolini Lecón, Amalia y Long Towell, Janet. México: UNAM-Instituto Nacional de Antropología e Historia, 200.

Becquelin-Monod, Aurore; Breton, Alain y Ruz, Mario Humberto. *Figuras mayas de la diversidad*. México: CNRS-UNAM, 2010.

Cardós de Méndez, Amalia. *El comercio de los mayas antiguos*. Acta Antropológica, vol. II. México: Escuela Nacional de Antropología e Historia. Sociedad de alumnos, 1959.

Carrasco, Pedro y Broda Johanna. *Economía política e ideología en el México prehispánico*. México: Nueva imagen, Instituto Nacional de Antropología e Historia, 1978.

Caso Barrera, Laura (coord.) *Cacao. Producción, consumo y comercio. Del período prehispánico a la actualidad en América Latina*. España: Iberoamericana–Vervuert, 2016.

Chapman, Anne M. *Puertos de intercambio en Mesoamérica prehispánica*. México: Instituto Nacional de Antropología e Historia, 1959.

Childs Rattray, Evelyn. *Rutas de intercambio en Mesoamérica. III Coloquio Pedro Bosch-Gimpera*. México: UNAM, Instituto de Investigaciones Antropológicas, 1998.

De la Garza, Mercedes. *El universo sagrado de la serpiente entre los mayas*. México: UNAM-Instituto de Investigaciones Filológicas, Centro de Estudios Mayas, 1998.

Eliade, Mircea. *Imágenes y símbolos. Ensayos sobre el simbolismo mágico-religioso*. Madrid: Taurus Ediciones, 1979.

--------------------. *Lo sagrado y lo profano*. Barcelona: Paidós, 1998.

--------------------. *El mito del eterno retorno. Arquetipos y repetición*. Buenos Aires: Emecé Editores, 2001.

Fierro Padilla, Rafael. *La cerámica como indicador de estatus social en contextos funerarios de la élite gobernante e Palenque, Piedras Negras y Yaxchilán*. México: Secretaría de Cultura. Instituto Nacional de Antropología e Historia, 2016.

Grube, Nikolai. *Los Mayas: una civilización milenaria*. México: Könemann, 2006.

Hassig, Ross. "El tributo en la economía prehispánica." En *Arqueología Mexicana* XXI 124 (2013): 32–39.

-------------------."La navegación entre los mayas". En *Arqueología Mexicana* VI 33 (1998).

Hirth, Kenneth. "Los mercados prehispánicos. La economía y el comercio". En *Arqueología Mexicana* XXI 122 (2013): 30–35.

Martin, Simon y Grube, Nikolai. *Crónica de los reyes y reinas mayas: la primera historia de las dinastías mayas*. México: Crítica, 2002.

Martínez de Velazco, Alejandra y Vega, María Elena. *Los mayas: voces de piedra*. México: Ámbar Diseño, 2011.

Mirambell, Lorena y González Arratia, Leticia. *Estudio de lítica arqueológica en Mesoamérica*. México: Secretaría de Cultura. Instituto Nacional de Antropología e Historia, 2017.

Peniche Rivero, Piedad. *Los Itzá y el imperio comercial en Yucatán (siglos XV y XVI)*. México: FONAPAS, 1981.

Piña Chan, Román. *Chalcatzingo, Morelos.* México: Informes INAH No. 4, Instituto Nacional de Antropología e Historia, Secretaría de Educación Pública. 1957.

Sharer, Robert J. *La civilización maya.* México: Fondo de Cultura Económica, 1998.

Sociedad Mexicana de Antropología. *Rutas de intercambio en Mesoamérica y el norte de México. XVI Mesa Redonda.* Saltillo, Coahuila, del 9 al 14 de septiembre de 1979, 1980.

Szaszdi Nagy, Adam. *Un mundo que descubrió Colón: Las rutas del comercio prehispánico de los metales.* Serie cuadernos colombinos XII. Publicaciones de la Casa-Museo de Colón y Seminario Americanista de la Universidad de Valladolid, 1984.

Vivianco Bonilla, María Elena. *El ámbar en Mesoamérica.* Tesis para obtener el título de licenciada en Arqueología. Escuela Nacional de Antropología e Historia. Instituto Nacional de Antropología e Historia, Secretaría de Educación Pública. México, 1992.

Wiesheu, Walburga y Guzzy, Gabriela. *El jade y otras piedras verdes. Perspectivas interdisciplinarias e interculturales.* México: Secretaría de Educación Pública, 2012.

Mayas y teotihuacanos: intercambios comerciales, intercambio de ideas.

Ethan Arbil Buendía Sánchez

Introducción

Mayas y teotihuacanos frecuentemente mantuvieron contactos comerciales y culturales. A pesar de las limitaciones tecnológicas y de las grandes distancias que separaban una región de otra, lograron —a través de la propia fuerza humana— trasladar una gran variedad de productos para fines alimenticios y suntuarios. Actualmente sabemos que ambas culturas intercambiaron bienes como la obsidiana, la cerámica y la jadeíta. De hecho, Teotihuacan parece haber sido considerada como una ciudad arquetípica, que tuvo un papel directo y activo en la fundación de órdenes políticos dentro del área maya.[1]

Patrick Culbert consideró que los teotihuacanos fundaron colonias en las tierras mayas, donde "probablemente vinieron como comerciantes y se quedaron a vivir en los sitios por algún tiempo y quizá se casaron con mujeres mayas."[2] Por su parte,

---

[1] David Stuart, "The arrival of strangers: Teotihuacan and Tollan in Classic Maya History", en *Mesoamerica's Classic heritage: From Teotihuacan to Aztecs*, ed. por David Carrasco, Lindsay Jones y Scott Sessions (Colorado: University Press of Colorado, 2000), 466.

[2] Patrick Culbert, T., "Los cambios sociopolíticos en las Tierras Bajas Mayas durante los siglos IV y V d.C.", en *VII Simposio de investigaciones arqueológicas en Guatemala, 1993*, editado por J.P. Laporte y H. Escobedo (Guatemala, Museo Nacional de Arqueología y Etnología, 1994), 332. De igual forma, Linda Manzanilla señala que Kaminaljuyú pudo ser una colonia teotihuacana fundada para

Simon Martin y Nikolai Grube, basados en las evidencias jeroglíficas e iconográficas, han supuesto una imposición militar teotihuacana sobre diferentes ciudades mayas como Copán, Tikal, El Perú y Kaminaljuyú[3] (figura 1). Otras investigaciones han planteado que Kaminaljuyú y Tikal fueron puntos de paso e intercambio para los comerciantes teotihuacanos.[4]

Figura 1

Sin embargo, estas propuestas mayoritariamente se enfocan en explicar la aparición de elementos teotihuacanos en algunas ciudades mayas, dejando a un lado las evidencias de la presencia maya en Teotihuacan. Al respecto, en los años ochenta del

---

explotar las minas de obsidiana de El Chayal. "La zona del Altiplano central en el Clásico", en *Historia antigua de México: el Horizonte Clásico*, coord. por Linda Manzanilla Naim y Leonardo López Luján, 3ª ed., Vol. II. (México: Miguel Ángel Porrúa-Universidad Nacional Autónoma de México-Instituto de Investigaciones Antropológicas, 2014), 230.

[3] Simon Martin y Nikolai Grube, *Crónica de reyes y reinas mayas*, trad. por Lorenzo Ochoa Salas y Fernando Borderas Tordesillas (Barcelona: Crítica, 2008), 29-32.

[4] Para un estudio historiográfico detallado véase Geoffrey E. Braswell "Understanding Early Classic interaction between Kaminaljuyú and Central Mexico", en *The Maya and Teotihuacan: Reinterpreting Early Classic interaction*, ed. Geoffrey E. Braswell (Austin: University of Texas Press, 2003).

siglo XX, Evelyn Childs Rattray[5] identificó algunos motivos iconográficos mayas presentes en la cerámica encontrada en el Barrio de los Comerciantes de Teotihuacan. Asimismo, a principios del siglo XXI las excavaciones arqueológicas encabezadas por Saburo Sugiyama y Rubén Cabrera expusieron el uso de objetos de estilo maya realizados en jadeíta.[6]

Pero las evidencias de los contactos entre mayas y teotihuacanos no se limitan a objetos portátiles, como piezas cerámicas y líticas. Karl Taube[7] ha señalado que algunos restos de arquitectura, arte monumental e incluso la escritura teotihuacana, encontrada en las pinturas de Tetitla, muestran una fuerte presencia maya en Teotihuacan.

Indudablemente ambas culturas mantuvieron estrechas relaciones y las evidencias de estos contactos quedaron reflejadas en restos materiales. Así, pues, el presente capítulo explica dichos contactos como producto de las relaciones comerciales, las cuales también trajeron consigo el intercambio de ideas y creencias. Temporalmente nos limitaremos a los siglos IV y V d.C. Espacialmente nos enfocaremos en Teotihuacan y en las ciudades mayas de Tikal y Kaminaljuyú, ambas en Guatemala, pues son dos sitios con materiales que evidencian los contactos entre ambas culturas.

Como punto de partida revisaremos brevemente las principales características del comercio en Mesoamérica, pues debemos tener claro que las sociedades mesoamericanas lo practicaron, interesándose más por el valor de uso y el esfuerzo invertido en un producto. Posteriormente haremos un breve repaso de los principales bienes producidos por las tres

---

[5]   Evelyn Ch. Rattray, "Nuevas interpretaciones entorno al Barrio de los Comerciantes", *Anales de Antropología Revista del Instituto de Investigaciones Antropológicas*, Vol. 25, no. 1 (1988).

[6]   Saburo Sugiyama y Rubén Cabrera, "Hallazgos recientes en la Pirámide de la Luna", *Arqueología Mexicana*, Vol. XI, no. 64, (noviembre-diciembre, 2003): 42-49.

[7]   Karl A.Taube, "Tetitla and the Maya presence at Teotihuacan" en *The Maya and Teotihuacan: Reinterpreting Early Classic interaction*, ed. Geoffrey E. Braswell (Austin: University of Texas Press, 2003).

ciudades para, finalmente, enfocarnos en los contactos entre teotihuacanos y mayas.

Comercio en Mesoamérica

Debido a la gran diversidad de regiones que componían Mesoamérica, debemos tener presente que cada comunidad contaba con ciertos recursos y carecía de otros. Así, pues, era necesario practicar intercambios que sirvieron "para conseguir productos y materias primas no disponibles en la zona y para mantener una relación pacífica".[8] En este sentido, el intercambio —además de ayudar a diversificar los productos locales— permitió relaciones entre comunidades vecinas y alejadas, abriendo la posibilidad de establecer alianzas políticas.

Es importante preguntarnos cuáles fueron los productos intercambiados a lo largo y ancho de Mesoamérica,[9] a saber: alimentos, textiles y utensilios de cerámica constituyeron los principales bienes de intercambio. De igual forma, los productos suntuarios, como plumas de múltiples colores, conchas marinas, piedras verdes, mica y obsidiana, también tuvieron un papel importante en las relaciones comerciales. De hecho, gracias a diversas excavaciones arqueológicas

---

[8] Griselda Sarmiento, "La creación de los primeros centros de poder", en *Historia antigua de México: El México antiguo, sus áreas culturales, los orígenes y el horizonte Preclásico; Mesoamérica, Oasisamérica y Aridamérica*, coord. por Linda Manzanilla Naim y Leonardo López Luján, 2ª ed., Vol. I. (México: Instituto Nacional de Antropología e Historia-Miguel Ángel Porrúa-Universidad Nacional Autónoma de México, 2000), 344.

[9] Documentos como el *Códice Mendoza*, la *Matrícula de Tributos* o la *Relación de las cosas de Yucatán* de fray Diego de Landa, escritos a principios de la Colonia, contienen información muy valiosa sobre el comercio mesoamericano. Desafortunadamente, sólo nos brindan una idea general de los intercambios durante el Posclásico Tardío (1250-1520 d.C.).

sabemos de la existencia de talleres de artesanos, pues se han detectado concentraciones de materiales líticos, cerámicos y de productos marinos.[10]

El medio de transporte fue humano. Los productos eran traslados a través del acarreo en andas, cajas, cestas, etc. Efectivamente, durante toda la época prehispánica la fuerza humana fue esencial, pues incluso durante los primeros años de la Colonia, fray Diego de Landa informó que para los mayas yucatecos "sus mulas y bueyes [eran] la gente",[11] poniendo de manifiesto la importancia de los cargadores. Para el caso que nos ocupa, entre mayas y teotihuacanos, "los objetos intercambiados a larga distancia fueron casi exclusivamente bienes de prestigio y en cantidades pequeñas".[12] Piezas de jadeíta y cerámica fina han sido encontradas en contextos de elite o para conmemorar la construcción de edificios dedicados al culto religioso.

Teotihuacan, Tikal y Kaminaljuyú: ubicaciones estratégicas para el comercio

Sin dudas, Teotihuacan fue una ciudad que desempeñó un papel muy importante en el Clásico. De hecho, este periodo en el Centro de México se define por la existencia de la cultura teotihuacana. Vale mencionar que actualmente sólo podemos

---

[10] Sobre los talleres de lítica véase Joyce Marcus, *Monte Albán*, trad. de Lucrecia Orensanz Escofet y Adriana Santoveña (México: El Colegio de México-Fondo de Cultura Económica, 2008), 92. Linda Manzanilla, "La zona del Altiplano central en el Clásico", 211-215.

[11] Fray Diego de Landa, *Relación de las cosas de Yucatán*, "XXIII, Industria comercio y moneda. Agricultura y semillas. Justicia y hospitalidad", (1997 [*ca.* 1566] consultado el 19 de diciembre del 2018), disponible en http://www.famsi.org/reports/96072/landaedt1a.htm.

[12] Robert D. Drennan, Philip T. Fitzgibbons y Heinz Dehn, "Imports and exports in Classic Mesoamerican political economy: The Tehuacán Valley and the Teotihuacán obsidian industry", *Economic Anthropology*, Vol. 12 (enero 1990): 179. La traducción es mía.

observar una fracción de lo que fue la metrópolis en su apogeo. Gracias a la arqueología[13] sabemos que Teotihuacan mantuvo contactos y "alianzas políticas con centros oaxaqueños, como Monte Albán, y mayas, como Tikal" (véase interconexiones en la figura 2).[14] Al parecer, desde el año 200 d.C. hay presencia de cerámica maya en Teotihuacan.[15]

POSIBLES RUTAS MERCANTILES

Figura 2

---

[13]   Para una detallada descripción de los trabajos arqueológicos llevados a cabo en Teotihuacan véase Linda Manzanilla, "La zona del Altiplano central en el Clásico", 204-206. Natalia Moragas Segura, *Teotihuacan. Arqueología de una ciudad mesoamericana* (Barcelona: Societàt Catalana d'Arcologia, 2011) 15-22. Jorge Angulo Villaseñor y América Malbrán Porto, "The Teotihuacan obsidian industry and the birds of the Sierra de las Navajas", en *Constructing power & place in Mesoamerica: Pre-Hispanic paintings from three regions*, ed. por Merideth Paxton y Leticia Staines Cicero, (Nuevo México: University of New Mexico Press–Albuquerque, 2017) 31-35.

[14]   Linda Manzanilla, "La zona del Altiplano central en el Clásico", 203.

[15]   Natalia Moragas Segura, *Teotihuacan*, 34.

Dos industrias fueron muy importantes para la economía teotihuacana: la lítica y la cerámica. Piedras como el sílex, la andesita, la pizarra, el basalto, la obsidiana y la mica fueron materia prima ampliamente utilizada en Teotihuacan. Asimismo, la obsidiana gris veteada proveniente de Otumba y la obsidiana verde de la Sierra de las Navajas en Pachuca eran trabajadas intensivamente por los teotihuacanos.[16] Este cristal volcánico es considerado como uno de los principales factores para el crecimiento y enriquecimiento de la ciudad.[17]

En cuanto a la cerámica, Evelyn Rattray la dividió en dos grandes grupos: la local, elaborada en los barrios teotihuacanos y destinada al consumo interno; y la foránea, empleada para el comercio local y de larga distancia.[18] Aquí destaca el grupo Anaranjado Delgado, pues aunque era producida en el sur de Puebla[19] la gran urbe del Centro de México se encargaba de su distribución. Son famosos los vasos trípodes decorados con incisiones o representaciones del Dios de las Tormentas y el signo del Año Teotihuacano.

Por otro lado, la ciudad de Tikal, en las Tierras Bajas Centrales, tuvo una amplia red de aliados en las áreas circundantes. Su ubicación fue estratégica, pues "se halla en una zona de colinas bajas que constituyen el parteaguas de dos sistemas fluviales: uno hacia el Golfo de México y otro hacia el Caribe".[20] A saber, la metrópolis era un paso obligado

---

[16]   Linda Manzanilla, "La zona del Altiplano central en el Clásico", 212.

[17]   Angulo Villaseñor y Malbrán Porto, "The Teotihuacan obsidian industry", 36.

[18]   Evelyn Ch. Rattray, "La cerámica de Teotihuacan: relaciones externas y cronología", *Anales de Antropología Revista del Instituto de Investigaciones Antropológicas*, Vol. 16 (1979): 53.

[19]   *Ibidem*, 58.

[20]   Antonio Benavides Castillo, "El sur y el centro de la zona maya en el Clásico", en *Historia antigua de México: el Horizonte Clásico*, coordinado por Linda Manzanilla Naim y Leonardo López Luján, 3ª ed., Vol. II. (México: Instituto Nacional de Antropología e Historia-Miguel Ángel Porrúa-Universidad Nacional Autónoma

en los intercambios comerciales entre ambos extremos de la península de Yucatán. Asimismo, Tikal se encuentra cerca de fuentes de agua,[21] la cual se distribuía por una red de canales que permitió un amplio desarrollo agrícola. Es importante señalar que las colinas circundantes a la ciudad contienen yacimientos de pedernal, materia prima muy importante para la elaboración de instrumentos de uso cotidiano.[22]

En el caso de Kaminaljuyú, su ubicación en las Tierras Altas Mayas fue clave para la industria lítica. La ciudad destacó por la extracción de la jadeíta proveniente de los yacimientos del Valle de Motagua. De hecho, la urbe fue uno de los sitios encargados de producir y distribuir objetos de este material.[23] Para las elites mayas el uso de orejeras, nariqueras, collares, ajorcas, muñequeras —entre otros artefactos de jadeíta— fue muy importante, pues suponía un distintivo de poder. Kaminaljuyú también estaba cerca de la única mina de obsidiana de la región, la de El Chayal, por lo que el trabajo con este material también fue relevante en su economía. Asimismo, la ciudad tuvo un rol destacado en el intercambio de sal y cacao provenientes de la costa.[24]

de México, 2014), 97.

[21] Sobre el control y distribución de las aguas en Tikal véase Liwy Grazioso Sierra y Vernom L. Scarborough, "Lo húmedo y lo seco: el manejo del agua y la construcción del paisaje en Tikal", en *Millenary Maya societies: Past crises and resilience*, ed. por Marie-Charlotte Arnauld y Alain Breton, (2013), 249-264, disponible en Mesoweb: www.mesoweb.com/publications/MMS/16_Grazioso-Scarborough.pdf.

[22] Benavides Castillo, "El sur y el centro de la zona maya en el Clásico", 97.

[23] Emiliano Melgar Tísoc y Chloé Andrieu, "El intercambio de jade en las Tierras Bajas Mayas, desde una perspectiva tecnológica" en *XXIX Simposio de investigaciones arqueológicas en Guatemala, 2015*, ed. por Bárbara Arroyo, Luis Méndez Salinas y Gloria Ajú Álvarez, tomo II (Guatemala: Museo Nacional de Arqueología y Etnología, 2016), 1065.

[24] Bárbara Arroyo, "El Altiplano Central maya, Kaminaljuyú y sus vecinos", *Arqueología Mexicana*, Vol. XXIII, no. 134 (junio-agosto 2015): 53-54.

Evidencias de la presencia maya en Teotihuacan

Gracias a los trabajos arqueológicos, poco a poco, se ha podido comprender las relaciones comerciales entre mayas y teotihuacanos. Especialmente por la lítica y la cerámica sabemos que los siglos IV y V d.C. fueron momentos de contactos entre ambas culturas.

En el Clásico Temprano, seguramente diversas vituallas y bienes de lujo debieron viajar desde las tierras mayas hacia Teotihuacan. Plumas, caucho, pieles de animales, miel y cacao son sólo algunos de los productos que posiblemente se intercambiaron. Sin embargo, debido a la naturaleza perecedera de estos objetos no se han hallado muchos restos arqueológicos. "Es factible que [el cacao] se haya consumido en la ciudad y que su tráfico lo hayan realizado mercaderes mayas o comerciantes relacionados estrechamente con ellos".[25] De hecho, dentro de Teotihuacan se han detectado algunos espacios donde pudieron llevarse a cabo los intercambios comerciales.

El Barrio de los Comerciantes destaca por la cantidad de materiales encontrados, pues indican que fue un sitio destinado a los intercambios comerciales. Localizado al noreste de Teotihuacan, fue un espacio habitado por gente extranjera, principalmente de la Costa del Golfo y del área maya. Rattray ha considerado la posibilidad de que "los comerciantes de la costa del Golfo tuvieran como acompañantes a los mercaderes de las Tierras Bajas Mayas, quienes llevaban sus propios productos especializados, como el cacao y las valiosas plumas de quetzal".[26]

Además, en el Barrio de los Comerciantes hay una serie de estructuras circulares, únicas en toda la ciudad. En ellas fueron encontradas ofrendas compuestas por alhajas y mosaicos hechos

---

[25] Alejandro Cañas Ortiz, *La presencia maya en la antigua ciudad de Teotihuacan: estudio de la interacción y propuesta para un modelo explicativo*, tesis de licenciatura en Arqueología, Escuela Nacional de Antropología e Historia, 2014, 105.

[26] Evelyn Ch. Rattray, "Nuevas interpretaciones entorno al Barrio de los Comerciantes", 177.

de jadeíta, así como vasijas con iconografía maya. Los utensilios han sido fechados entre los siglos IV y V d.C.[27] La iconografía de las vasijas es semejante a la cerámica fabricada en el Petén.

Asimismo, Taube señala que, en 1932, el arqueólogo sueco, Sigvald Linné encontró fragmentos de cerámica provenientes del conjunto de Xolalpan. Lo más llamativo es la presencia de iconografía maya en algunos de esos restos cerámicos. En uno de ellos podemos apreciar una cabeza emergiendo de la boca abierta de una serpiente. De acuerdo con Taube, el personaje representado se asemeja al Dios del Viento maya. Además, en otro fragmento, la figura grabada probablemente sea el Dios Solar maya.[28] Si bien no podemos asegurar que los individuos presentes en los restos de estas cerámicas sean dioses mayas, la semejanza con la forma de plasmar los cuerpos humanos es muy parecida al estilo maya, especialmente de Tikal.

Otra evidencia de presencia maya la podemos observar en un fragmento de vasija, actualmente en el Museo de la Cultura Teotihuacana. Aquí vemos una serie de individuos sentados. Lo interesante es la posición adoptada por ellos, pues tienen las piernas cruzadas, gesticulan con las manos y muestran el torso desnudo. Sabemos que, a lo largo de toda su historia, los mayas usaban estos cánones para representar a sus gobernantes y deidades.

Por otro lado, la jadeíta fue utilizada para elaborar adornos y objetos destinados a la consagración de edificios (figura 3). En Teotihuacan, la Pirámide de la Luna es un buen ejemplo. Las investigaciones arqueológicas llevadas a cabo en su interior, entre los años 1998 y 2004,[29] revelaron siete etapas constructivas fechadas entre los años 50-400 d.C. Se detectaron cuatro entierros que contenían artefactos de obsidiana y jadeíta, restos humanos y de otras especies animales.

---

[27]   *Ibidem*, 176.

[28]   Taube, "Tetitla and the Maya presence at Teotihuacan", 275.

[29]   Saburo Sugiyama y Rubén Cabrera, "Hallazgos recientes en la Pirámide de la Luna".

Figura 3

Para el presente trabajo es de especial interés el Entierro 5, el cual corresponde a la quinta etapa constructiva, alrededor de los años 300-350 d.C. En él fueron hallados los restos óseos de tres individuos sentados en posición de flor de loto que, al parecer, ostentaron un alto rango en la sociedad teotihuacana.[30] Junto a estos personajes se encontraron cinco collares, cuatro pares de orejeras, tres pectorales y una pequeña figura antropomorfa también sentada en flor de loto, todos ellos realizados en jadeíta o con incrustaciones de la misma.

El hallazgo del Entierro 5 pone de manifiesto la relación que la elite teotihuacana pudo haber mantenido con los mayas, especialmente con las regiones de Guatemala que controlaban la producción y distribución de los artefactos de prestigio de jadeíta.[31] La disposición del entierro también brinda pistas sobre

---

[30]   *Ibidem*, 47-49.

[31]   Erik Velásquez García, Cecilia María Leni y Alejandro Cañas Ortiz, "Teotihuacan, tierra de encuentros: la presencia maya en el contexto de otras presencias étnicas durante el periodo Clásico", en *Las pinturas realistas de Tetitla, Teotihuacan: estudios a través de la obra de Agustín Villagra Caleti*, coord. por Leticia Staines Cicero y Christophe Helmke (México: Instituto de Investigaciones Estéticas-Instituto

ambas culturas, pues son muy similares a las encontradas en los Montículos A y B de Kaminaljuyú.[32] Recordemos que esta ciudad destacó por la extracción de la jadeíta de los yacimientos del Motagua.

También la pintura mural de Teotihuacan nos brinda pistas sobre la presencia maya en la ciudad. Al respecto, uno de los espacios más llamativos es el conjunto de Tetitla. Se ha propuesto que ahí "probablemente se alojaron emisarios foráneos durante sus visitas a la ciudad",[33] de acuerdo con la iconografía: "los perfiles de los individuos representados, un personaje de alto rango sentado sobre un trono, indumentaria no teotihuacana, los atavíos y la asociación entre escenas y pasajes jeroglíficos",[34] tienen elementos distintivos del arte maya. Así, pues, mercaderes extranjeros e incluso cortesanos mayas pudieron haber habitado este sitio.

Resulta muy interesante la presencia de escritura jeroglífica maya descubierta en las cámaras que rodean el Cuarto 11, al oeste del Patio Principal de Tetitla. En 1973 Clara Millon identificó algunos fragmentos jeroglíficos y los consideró "únicos en la forma de su combinación, es decir, pintados unos sobre otros, como los textos encontrados entre los pueblos contemporáneos [de Teotihuacan] mayas y oaxaqueños".[35] La existencia de estos patrones ha hecho creer la ocupación de Tetitla por un grupo maya quien emuló, a través de la pintura, la iconografía propia.

Nacional de Antropología e Historia, 2017), 51.

[32] Michael W. Spence y Grégory Pereira, "The human skeletal remains of the Moon Pyramid, Teotihuacan", *Ancient Mesoamerica,* no. 18, (2007): 151.

[33] Cañas Ortiz, "La presencia maya en la antigua ciudad de Teotihuacan", 50.

[34] *Ibidem*, 53.

[35] Clara Millon, "Painting, writing, and polity in Teotihuacan, Mexico", *American Antiquity*, no. 3, Vol. 38, (1973): 298. La traducción es mía.

Figura 4

¿Habitó Teotihuacan gente venida del área maya? Las pruebas así parecen indicarlo. Recientemente el Instituto Nacional de Antropología e Historia ha llevado a cabo excavaciones en la Plaza de las Columnas, al oeste de la Calzada de los Muertos. Las exploraciones han revelado evidencias de la presencia maya en Teotihuacan. Los restos de cerámica y de pintura mural, ambas con iconografía maya, revelan la existencia permanente de un grupo maya en la ciudad (figura 4). Además, nos habla de la estrecha relación que existió entre ambas culturas. Al parecer, la Plaza de las Columnas sirvió "para actividades administrativas, ceremoniales y probablemente como residencia de la elite no sólo teotihuacana, sino maya, al menos hacia 350 d.C.".[36] Los trabajos arqueológicos siguen en curso y habrá que esperar nuevas evidencias que corroboren esta hipótesis.

Presencia teotihuacana en Tikal y Kaminaljuyú

A finales del siglo IV y principios del V, en la ciudad de Tikal comenzaron a utilizarse elementos icnográficos extranjeros, cuyo origen se relaciona con Teotihuacan. La

---

[36] Instituto Nacional de Antropología e Historia, "Elite maya residió en Teotihuacan, revelan hallazgos en la Plaza de las Columnas" Boletín N° 335 (22 de septiembre de 2018), 3. Disponible en https://www.inah.gob.mx/boletines/7579-elite-maya-residio-en-teotihuacan-revelan-hallazgos-en-la-plaza-de-las-columnas.

Estela 31, por ejemplo, muestra un individuo de perfil en cada uno de sus costados. El de la izquierda, sobresale por llevar un tocado con forma de cabeza de un reptil emplumado, similar a los que portan los sacerdotes pintados en las pinturas de Tepantitla, Teotihuacan. Además, ambos sujetos tienen lanzadardos y escudos rectangulares, destacando el que lleva el individuo del lado derecho, pues al centro tiene una supuesta imagen del Dios de las Tormentas, comúnmente representado en Teotihuacan.

Otro monumento que sobresale por su iconografía foránea es el Marcador de Juego de Pelota (de mediados del siglo IV d.C.), encontrado en la Plazoleta Norte del Grupo 6C-XVI, que se asemeja al marcador encontrado en el Complejo de La Ventilla, en Teotihuacan. Aquí vemos imágenes de aves, lanzadardos, un par de individuos con narigueras y el símbolo del Año Teotihuacano. La inscripción del marcador también registra la entrada al Petén Central de un individuo llamado Siyaj K'ahk', 'Nacido del Fuego', en el año 378 d.C. Al parecer, este personaje estaba relacionado con Teotihuacan pues, de acuerdo con Simon Martin y Nikolai Grube, a partir de su llegada a Tikal buena parte de las ciudades mayas del Petén Central quedaron bajo la esfera política, cultural y económica de Teotihuacan, entonces en su momento de apogeo.[37]

El Marcador también menciona la entronización de un personaje llamado Jatz'o'm Kuh —apodado Búho Lanzadardos por los mayistas— en el año 374. El lugar donde se llevó a cabo dicha acción fue *Ho' Tinam Witz*, 'Las Cinco Montañas de Algodón', sitio que diversos investigadores creen pudo ser Teotihuacan. De acuerdo con Carlos Pallán Gayol, "Es posible que Búho Lanzadardos haya estado casado con una princesa maya —la señora Unen K'awiil— procedente de Tikal".[38] De esta unión nació Yax Nuun Ahiin, el decimoquinto gobernante

---

[37] Martin y Grube, *Crónica de reyes y reinas mayas*, 29.

[38] Carlos Pallán Gayol, *Breve historia de los mayas*, (Madrid: Nowtilus, 2011), 14.

en la línea dinástica de Tikal (379-404?). Al parecer Jatz'o'm Kuh envió a su lugarteniente Siyaj K'ahk' para establecer un nuevo orden político en las tierras centrales del Petén.

Si bien es cierto que las inscripciones mayas brindan información muy valiosa sobre eventos ocurridos entre 374 y 378 d.C., es difícil asegurar que Jatz'o'm Kuh fuese el gobernante supremo de Teotihuacan. De hecho, no conocemos ningún nombre de sus gobernantes. Además, no sabemos a ciencia cierta cómo fue la organización sociopolítica teotihuacana. Al respecto, Manzanilla ha propuesto que "Teotihuacan tenía un gobierno centrado en un órgano colectivo de representantes de diversos sectores de la ciudad."[39] De ser este el caso, Jatz'o'm Kuh no pudo gobernar en solitario.

Asimismo, *Ho' Tinam Witz* puede referirse a un lugar mitológico y no necesariamente a Teotihuacan. Entre los mayas, las montañas eran vistas como lugares sagrados de los cuales había surgido el maíz. Además, la figura de la montaña jugó un papel importante en las entronizaciones de los gobernantes. En Palenque, por ejemplo, el tablero del Templo de la Cruz Foliada alude a *Yaxhal Witznal,* 'Lugar de la Primera Montaña Verdadera'; y en Copán encontramos la referencia, en la Estela B, a *Mo'o Witz Nal,* 'Lugar de la Montaña Guacamaya'. Tal vez Ho' Tinam Witz fue visto como un espacio sagrado que estaba fuera del mundo terrenal.

De igual forma, la figura de Siyaj K'ahk' también es enigmática, pues sabemos de su existencia gracias a las inscripciones, mas no contamos con representaciones suyas. Geofrey Braswell propuso que la "llegada" de Siyaj K'ahk', mencionada en los textos jeroglíficos de Tikal, puede referirse al regreso de un peregrinaje realizado a Teotihuacan con fines de legitimación.[40]

---

[39] Manzanilla, "La zona del Altiplano central en el Clásico", 228.

[40] Braswell, "Understanding Early Classic interaction between Kaminaljuyú and Central Mexico", 140 y nota 15.

Por otro lado, en la cerámica de contextos elitistas destaca la introducción de rasgos foráneos entre los siglos IV y V d.C. (figura 5): "Los diseños generalmente son cuatripartitos mostrando ojos, belfos, cruces K'an, símbolos de año, chalchihuites y átlatls, todo ello en referencia al [Dios de las Tormentas] lo cual generalmente se ha considerado como muestra de una introducción foránea al inventario cerámico local".[41] Al respecto, el Entierro 10, ubicado dentro del Templo 34 donde se encuentran los restos del gobernante tikaleño Yax Nuun Ahiin, destaca por la gran riqueza de la ofrenda depositada en su interior. Aquí se encontraron vasijas decoradas con iconografía teotihuacana que nos recuerdan al Dios de las Tormentas. Además, las vasijas trípodes son una copia local de la cerámica Anaranjado Delgado.

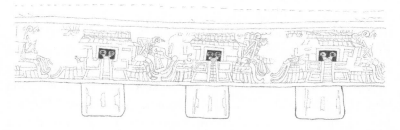

Figura 5

La ciudad de Kaminaljuyú a mediados del siglo IV a.C. también interactuó con la gran urbe del Centro de México. La relación entre ellas "permitió el intercambio de ideas, estilos arquitectónicos y tipos cerámicos".[42] En particular, la

---

[41]   Juan Pedro Laporte, *Alternativas del Clásico Temprano en la relación Tikal-Teotihuacan: Grupo 6C-XVI, Tikal, Petén, Guatemala*, tesis de doctorado en Arqueología, Universidad Nacional Autónoma de México, México, 1989, 21.

[42]   Andrea Rojas, "Transición del Clásico Temprano hacia el Clásico Tardío en la Plaza Norte Inferior de la Acrópolis de Kaminaljuyú, Guatemala", en *XXVIII Simposio de investigaciones arqueológicas en*

arquitectura funeraria y las ofrendas mortuorias encontradas en los Montículos A y B (figuras 8 y 9) parecen indicar una fuerte presencia teotihuacana, pero si la misma es física o simbólica todavía es un tema debatible.[43] De igual forma, durante este periodo también fueron elaboradas vasijas trípodes de estilo teotihuacano en Kaminaljuyú, con la diferencia de ser más altas y esbeltas que las de Tikal.[44]

La presencia de cerámica con iconografía teotihuacana obedece a intercambios a larga distancia. Ahora bien, debemos considerar que sólo en contextos de elite se han encontrado piezas cerámicas con filiación teotihuacana. ¿Podría esto indicar la presencia de personas venidas de Teotihuacan gobernando en Kaminaljuyú? Es más probable que "la elite maya manipulara los bienes exóticos y los conjuntos de símbolos de tal forma que reforzara su estatus".[45] Así, pues, la gran urbe del Centro de México no parece haber impuesto dinastías gobernantes en las tierras mayas. Más bien algunos señores mayas adoptaron diversos elementos culturales teotihuacanos para relacionarse con la metrópolis que, en aquellos momentos, se encontraba en su máximo esplendor.

De igual forma, gracias a estudios preliminares de isótopos de oxígeno, realizados en los molares de los ocupantes de las tumbas del Montículo A de Kaminaljuyú, se ha podido concluir que ninguno parece haber nacido fuera de la ciudad.[46] Sin

---

Guatemala, 2014, ed. por Bárbara Arroyo, Luis Méndez Salinas y Lorena Paiz (Guatemala: Museo Nacional de Arqueología y Etnología, 2015), 291.

[43] Véase Christine D. White, *¿Teotihuacán en Kaminaljuyú? La evidencia de isótopos de oxígeno en huesos humanos,* trad. por Bárbara Arroyo, disponible en: http://www.famsi.org/reports/95084es/index.html.

[44] Laporte, *Alternativas del Clásico Temprano en la relación Tikal-Teotihuacan*, 22.

[45] Braswell, "Understanding Early Classic interaction between Kaminaljuyú and Central Mexico", 113. La traducción es mía.

[46] White, "¿Teotihuacán en Kaminaljuyú?", 2.

embargo, también han revelado que uno de los individuos "parece haber nacido cerca de Kaminaljuyú y posiblemente pasó sus primeros años de adolescencia en Teotihuacán".[47]

En cuanto a la cerámica, debemos tener presente que de las 337 vasijas Anaranjado Delgado encontradas en los montículos A y B, sólo 17 (5%) fueron importadas del Centro de México, mientras la mayoría fue copia, de elaboración local.[48] Al parecer, la cerámica Anaranjado Delgado fue un bien de lujo y prestigio, y era importante su reproducción donde la iconografía teotihuacana era copiada para dar la apariencia de un producto foráneo. Lo que queda fuera de nuestro entendimiento es si la elaboración de esta cerámica la realizaban artesanos locales o teotihuacanos que se habían establecido en la ciudad.

Por otro lado, arquitectónicamente los teotihuacanos usaron el estilo talud-tablero[49] a lo largo y ancho de la gran urbe. En ambas ciudades mayas mencionadas es destacable el uso de este diseño arquitectónico. En Tikal el Complejo Mundo Perdido y el Grupo 6C-XVI usan talud-tablero alrededor del año 350 d.C. En esa misma fecha, en Kaminaljuyú los montículos A y B, así como el Complejo Acrópolis-Palangana, también los presentan.

La presencia de cerámica Anaranjado Delgado y el talud-tablero en algunos edificios son utilizados por los investigadores como pruebas de la indudable presencia teotihuacana en la ciudad, y se ha considerado como foco de difusión. Sin embargo, "sabemos que el estilo talud-tablero no se desarrolló en el Clásico Temprano en Teotihuacan, sino dentro de la región Tlaxcala-Puebla durante el periodo Preclásico".[50] Además, este

---

[47] *Ibidem.*

[48] Braswell, "Understanding Early Classic interaction between Kaminaljuyú and Central Mexico", 113.

[49] El complejo talud-tablero está conformado por un paramento inferior inclinado sobre el cual se colocaba un marco rectangular en saledizo que creaba un juego de luces y sombras. Además, en el tablero se realizaban relieves, esculturas o pinturas.

[50] Geoffrey E. Braswell, "Introduction: Reinterpreting Early Classic interaction", en *The Maya and Teotihuacan: Reinterpreting Early Classic*

tipo arquitectónico fue modificado en regiones como Cholula, Monte Albán, El Tajín y en varios sitios del área Maya, al menos desde inicios del Clásico Temprano.[51]

Otros restos materiales, como la obsidiana, también arrojan luz sobre la relación que los mayas mantuvieron con Teotihuacan. En Tikal, por ejemplo, aunque la mayoría de la obsidiana utilizada provenía de las minas de El Chayal, se ha comprobado que una parte de los objetos elaborados con obsidiana fueron exportados desde la urbe del Centro de México.[52] A grandes rasgos es posible dividir en dos grupos el uso del cristal volcánico: por un lado "la obsidiana de las Tierras Altas de Guatemala fue usada para excéntricos ceremoniales y objetos incisos, [mientras que] los artefactos de obsidiana del Centro de México [...] aparecen predominantemente en excavaciones cuyo contexto indica funciones utilitarias".[53]

Los estudios arqueológicos indican que "los núcleos de cuchillas de México se transportaron en forma más acabada que los grandes núcleos poliédricos de Guatemala y, por lo tanto, podrían reducirse con muy poco desperdicio".[54] Así, pues, la obsidiana proveniente del Centro de México viajaba como artefactos semi terminados a los cuales los artesanos tikaleños trabajaban para darles la forma final destinada a ser consumida.

---

interaction, ed. Geoffrey E. Braswell (Austin: University of Texas Press, 2003). 11.

[51] Laporte, *Alternativas del Clásico Temprano en la relación Tikal-Teotihuacan*, 133.

[52] Hattula Mohóly-Nagy, Frank Asaro y Fred H. Stross, "Tikal obsidian: Source and typology", *American Antiquity*, Vol. 49, no. 1, (enero 1989). Hattula Mohóly-Nagy, "Mexican tbsidian at Tikal, Guatemala", *Latin American Antiquity*, Vol. 10, no. 3, (septiembre, 1999).

[53] Mohóly-Nagy, Asaro y Stross, "Tikal obsidian: Source and typology", 116. La traducción es mía.

[54] *Ibidem*, 304. La traducción es mía.

Consideraciones finales

Como hemos visto, mayas y teotihuacanos constantemente interactuaron a lo largo de los siglos IV y V d.C. Sin embargo, aún queda mucho por indagar en torno a las interacciones políticas de ambas culturas. La mayoría de los estudiosos del tema han tenido predilección por la cultura teotihuacana sobre la maya, planteando una posible imposición militar que se vio reflejada en cambios políticos dentro de las Tierras Bajas Mayas.

A mi parecer, las tres ciudades revisadas en este trabajo no fueron sociedades monolíticas y cerradas. No podemos negar la fuerte presencia maya en Teotihuacan y viceversa. Seguramente "existieron relaciones de cooperación e interacción por intercambio recíproco".[55] Así, podemos entender la adopción y adaptación de iconografía extranjera, pues responde más a un reforzamiento del estatus de las elites que a una imposición no sólo militar, sino también cultural.

De igual forma, sólo es posible comprender los contactos entre mayas y teotihuacanos si vemos a ambas culturas como actores activos, y no simplemente como recipientes vacíos que recibían todo tipo de influencias venidas del extranjero. En este sentido, la reciprocidad fue esencial, especialmente cuando existían "relaciones a larga distancia en las cuales los términos impositivos se hacían más difíciles que los de una relación de conveniencia".[56] Por tal motivo, el uso de cerámica fina venida del centro de México a tierras mayas y viceversa seguramente fue el resultado de las relaciones de reciprocidad entre las elites de las tres ciudades.

Por último, aunque sabemos de la existencia de minas de obsidiana y jadeíta explotadas por mayas y teotihuacanos, aún

---

[55] Edgar Carpio Rezzio, "La relación Kaminaljuyú-Teotihuacan: imposición o intercambio", en *XIII Simposio de investigaciones arqueológicas en Guatemala, 1999*, ed. por J. P. Laporte, H. Escobedo, B. Arroyo y A. C. de Suasnávar (Guatemala: Museo Nacional de Arqueología y Etnología, 2000), 85.

[56] *Idem.*

no conocemos la logística comercial empleada para trasladar los productos a larga distancia. Asimismo, no sabemos quiénes eran los encargados de explotarlas. Es necesario preguntarnos si eran auspiciados por los gobernantes o pertenecían a una elite intermedia especializada en distribuir bienes suntuarios y exóticos por toda Mesoamérica. Seguramente en la explotación de las minas, así como en la elaboración de cerámica fina participaban gobernantes, elites intermedias y parte del pueblo llano que constituían la mano de obra necesaria para extraer los materiales. Trabajo por hacer queda para desentrañar los secretos de las relaciones comerciales y culturales de las sociedades mesoamericanas.

Bibliografía

Angulo Villaseñor, Jorge y América Malbrán Porto. "The Teotihuacan obsidian industry and the birds of the Sierra de las Navajas". En *Constructing power & place in Mesoamérica: Pre-Hispanic paintings from three regions*, editado por Merideth Paxton y Leticia Staines Cicero. Nuevo México: University of New Mexico Press-Albuquerque, 2017, 31-52.

Arroyo, Bárbara. "El Altiplano Central maya, Kaminaljuyú y sus vecinos". *Arqueología Mexicana*, Vol. XXIII, no. 134 (junio-agosto 2015): 50-55.

Benavides Castillo, Antonio. "El sur y el centro de la zona maya en el Clásico". En *Historia antigua de México: el Horizonte Clásico*, coordinado por Linda Manzanilla Naim y Leonardo López Luján, 3ª ed., Vol. II. México: Instituto Nacional de Antropología e Historia-Miguel Ángel Porrúa-Universidad Nacional Autónoma de México, 2014, 79-118.

Braswell, Geoffrey E. "Understanding Early Classic interaction between Kaminaljuyú and Central Mexico". En *The Maya and Teotihuacan: Reinterpreting Early Classic interaction*, editado por Geoffrey E. Braswell. Austin: University of Texas Press, 2003, 105-142.

Cañas Ortiz, Alejandro. *La presencia maya en la antigua ciudad de Teotihuacan: estudio de la interacción y propuesta para un modelo explicativo*. Tesis de licenciatura en Arqueología. México: Escuela Nacional de Antropología e Historia, 2014.

Carpio Rezzio, Edgar. "La relación Kaminaljuyú-Teotihuacan: imposición o intercambio". En *XIII Simposio de investigaciones arqueológicas en Guatemala, 1999*, editado por J. P. Laporte, H. Escobedo, B. Arroyo y A. C. de Suasnávar. Guatemala: Museo Nacional de Arqueología y Etnología, 2000, 85-96.

Culbert, Patrick T. "Los cambios sociopolíticos en las Tierras Bajas Mayas durante los siglos IV y V d.C.". En *VII Simposio de investigaciones arqueológicas en Guatemala, 1993*, editado por J. P. Laporte y H. Escobedo. Guatemala, Museo Nacional de Arqueología y Etnología, 1994, 329-334.

Childs Rattray, Evelyn. "Nuevas interpretaciones entorno al Barrio de los Comerciantes". *Anales de Antropología Revista del Instituto de Investigaciones Antropológicas*, Vol. 25, no. 1, (1988): 165-180.

De Landa, Diego. *Relación de las cosas de Yucatán*. 1997, [*ca*. 1566]. Disponible en: http://www.famsi.org/reports/96072/landaedt1a.htm.

Drennan, Robert D., Philip T. Fitzgibbons, y Heinz Dehn. "Imports and exports in Classic Mesoamerican political economy: The Tehuacán Valley and the Teotihuacán obsidian industry". *Economic Anthropology*, Vol. 12, (enero 1990): 177-199.

Geoffrey E. Braswell, "Introduction: Reinterpreting Early Classic interaction". En *The Maya and Teotihuacan: Reinterpreting Early Classic interaction*, editado por Geoffrey E. Braswell. Austin: University of Texas Press, 2003, 1-43.

Grazioso Sierra, Liwy y Vernom L. Scarborough. "Lo húmedo y lo seco: el manejo del agua y la construcción del paisaje en Tikal". En *Millenary Maya societies: Past crises and resilience*, editado por M. Charlotte Arnauld y Alain Breton, 2013, 249-264. Disponible en: www.mesoweb.com/publications/MMS/16_Grazioso-Scarborough.pdf.

Hattula Mohóly-Nagy. "Mexican obsidian at Tikal, Guatemala". *Latin American Antiquity*, Vol. 10, no. 3, (septiembre, 1999): 300-313.

Instituto Nacional de Antropología e Historia. "Elite maya residió en Teotihuacan, revelan hallazgos en la Plaza de las Columnas". *Boletín N° 335*. Disponible en https://www.inah.gob.mx/boletines/7579-elite-maya-residio-en-teotihuacan-revelan-hallazgos-en-la-plaza-de-las-columnas.

Laporte, Juan Pedro. *Alternativas del Clásico Temprano en la Relación Tikal-Teotihuacan: Grupo 6C-XVI, Tikal, Petén, Guatemala*. Tesis de doctorado en Arqueología. México: Universidad Nacional Autónoma de México, 1989.

Manzanilla, Linda. "La zona del Altiplano central en el Clásico". En *Historia antigua de México: el Horizonte Clásico*, coordinado por Linda Manzanilla Naim y Leonardo López Luján, 3ª ed., Vol. II. México: Miguel Ángel Porrúa–Universidad Nacional Autónoma de México–Instituto de Investigaciones Antropológicas, 2014, 203-239.

Marcus, Joyce. *Monte Albán*. Traducido por Lucrecia Orensanz Escofet y Adriana Santoveña. México: El Colegio de México–Fondo de Cultura Económica, 2008.

Martin, Simon y Nikolai Grube. *Crónica de reyes y reinas mayas*. Traducido. por Lorenzo Ochoa Salas y Fernando Borderas Tordesillas. Barcelona: Crítica, 2008.

Melgar Tísoc, Emiliano y Chloé Andrieu. "El intercambio de jade en las Tierras Bajas Mayas, desde una perspectiva tecnológica". En *XXIX Simposio de investigaciones arqueológicas en Guatemala, 2015*, editado por Bárbara Arroyo, Luis Méndez Salinas y Gloria Ajú Álvarez, tomo II. Guatemala: Museo Nacional de Arqueología y Etnología, 2016, 1065-1076.

Millon, Clara H. "Painting, writing, and polity in Teotihuacan, Mexico", *American Antiquity*, no. 3, Vol. 38, (1973): 294-314.

Mohóly-Nagy, Hattula, Frank Asaro y Fred H. Stross. "Tikal obsidian: Source and typology". *American Antiquity*, Vol. 49, no. 1, (enero 1989): 104-117.

Moragas Segura, Natalia. *Teotihuacan. Arqueología de una ciudad mesoamericana*. Barcelona: Societàt Catalana d'Arcologia, 2011.

Rojas, Andrea. "Transición del Clásico Temprano hacia el Clásico Tardío en la Plaza Norte Inferior de la Acrópolis de Kaminaljuyú, Guatemala". En *XXVIII Simposio de investigaciones arqueológicas en Guatemala, 2014*, editado por Bárbara Arroyo, Luis Méndez Salinas y Lorena Paiz. Guatemala: Museo Nacional de Arqueología y Etnología, 2015, 291-304.

Sarmiento, Griselda. "La creación de los primeros centros de poder". En *Historia antigua de México: El México antiguo, sus áreas culturales, los orígenes y el horizonte Preclásico; Mesoamérica, Oasisamérica y Aridamérica*, coordinado por Linda Manzanilla Naim y Leonardo López Luján, 2ª ed., Vol. I. México: Instituto Nacional de Antropología e Historia-Miguel Ángel Porrúa-Universidad Nacional Autónoma de México, 2000, 335-362.

Stuart, David. "The arrival of strangers: Teotihuacan and Tollan in Classic Maya History". En *Mesoamerica's Classic heritage: from Teotihuacan to Aztecs*, editado por David Carrasco, Lindsay Jones y Scott Sessions. Colorado: University Press of Colorado, 2000, 465-513.

Sugiyama, Saburo y Rubén Cabrera. "Hallazgos recientes en la Pirámide de la Luna". *Arqueología Mexicana*, Vol. XI, no. 64, (noviembre-diciembre, 2003): 42-49.

Taube, Karl A. "Tetitla and the Maya presence at Teotihuacan". En *The Maya and Teotihuacan: Reinterpreting Early Classic interaction*, editado por Geoffrey E. Braswell. Austin: University of Texas Press, 2003, 273-314.

Velásquez García, Erik, Cecilia María Leni y Alejandro Cañas Ortiz. "Teotihuacan, tierra de encuentros: la presencia maya en el contexto de otras presencias étnicas durante el periodo Clásico". En *Las pinturas realistas de Tetitla, Teotihuacan: estudios a través de la obra de Agustín Villagra Caleti*, coordinado por Leticia Staines Cicero y Christophe Helmke. México: Instituto de Investigaciones Estéticas-Instituto Nacional de Antropología e Historia, 2017, 45-69.

White, Christine D. *¿Teotihuacán en Kaminaljuyú? La evidencia de isótopos de oxígeno en huesos humanos.* Traducido por Bárbara Arroyo. Disponible en http://www.famsi.org/reports/95084es/ index.html.

La representación retórica y comercial del mezcal en las crónicas de Indias

Juan Alejandro Benítez González

Introducción

En el presente análisis realizo una revisión historiográfica de bebidas mexicanas, productos del maguey, y su comercialización, enfatizando al mezcal. Me baso en documentos de religiosos y conquistadores, muchas veces conocidos cómo "crónicas de Indias de Occidente" y que datan del siglo XVI. Por ejemplo, se cuenta a los frailes Toribio de Benavente Motolinia, Guillermo de Santa María, Bernardino de Sahagún, además del "conquistador anónimo" y Hernán Cortés. Así mismo, incluyo autores de la historiografía reciente de los Estados Unidos, y me apoyo en fuentes arqueológicas y antropológicas.

Uno de mis objetivos es dejar en claro la representación literaria, principalmente del mezcal y otras bebidas derivadas del maguey. Por lo tanto, analizo, identifico y comparo esos documentos del siglo XVI y los trabajos historiográficos de la década pasada, junto con el proceso de destilación de alcoholes que se ha comprobado actualmente por la arqueología. Vale la pena señalar las menciones escritas del mezcal, ya que se ha generalizado y confundido con otras bebidas tanto alcohólicas como no alcohólicas; las fuentes llaman a todas "vino de maguey" y "brebajes intoxicantes". Así la confusión no se ha resuelto adecuadamente. Otro objetivo es mostrar una propuesta clara y definida de la representación y el proceso de obtención del mezcal en la historia, y de algunas bebidas productos del maguey. La meta final es saber la importancia de la comercialización de esas bebidas.

Esta investigación se centra en los siguientes puntos:

1) La denominación de origen del mezcal.
2) Su proceso de elaboración.
3) Las características del producto de la planta del maguey como artículo primordial de comercialización.

Según ya dije, utilizo el método analítico y comparativo de fuentes primarias y secundarias, y teniendo como supuesto teórico el proceso actual de destilación.

Denominación de origen del mezcal

Es importante aclarar el origen del mezcal y lo que el proceso de destilación conlleva.

Por una parte, distintos autores aseguran que el origen del mezcal es prehispánico, o sea anterior a la llegada de los españoles. Otros aseguran que entró a México con los españoles en el siglo XVI. La discusión ha tratado de ser resuelta desde diferentes disciplinas como la Antropología, la Arqueología, la Etnografía, la Biología, la Historia y la gastronomía.

Las investigaciones más relevantes son de carácter arqueológico. Los resultados arrojan que el mezcal es de origen prehispánico. Efectivamente, el proceso de destilación con que se obtiene el mezcal es de origen muy antiguo: data de hace más de 400 años a.C. Este hallazgo arqueológico, corroborado por estudios antropológicos, fue realizado en abril de 2004 en el estado de Tlaxcala, en el sitio de Nativitas: se encontraron hornos donde se cocía maguey para hacer mezcal. Jesús Carlos Lazcano Arce lo expresó en una entrevista para el periódico *La*

Jornada.[1] La misma información se halla en un artículo firmado por Mari Carmen Serra Puche:[2] "Producción, circulación y consumo de la bebida del mezcal arqueológico y actual, en Tlaxcala",[3] y desde luego en la obra mayor *El mezcal, una bebida prehispánica. Estudios etnoarqueológicos.*[4]

Gracias a la analogía etnográfica se descubrió que los hornos arqueológicos tlaxcaltecas son muy similares a los actuales. Como dato adicional, los autores citados mencionan cuatro pasos distintos para la producción del mezcal; son: cocción, molienda, fermentación y finalmente destilación.

Es obvio que las pruebas arqueológicas demuestran que el mezcal es de origen prehispánico. Sin embargo, aún queda por aclarar las voces históricas del mezcal en los documentos del siglo XVI, pues en ellos se crea la mayor confusión. La principal causa se debe a que del maguey se obtienen diferentes bebidas tanto sin alcohol como alcohólicas, como son: 1) no alcohólicas: aguamiel, vinagre y miel o arrope, 2) alcohólicas: pulque (fermentado) y mezcal (destilado). Hay que agregar la referencia de los documentos del siglo XVI: la voz "mezcal" aparece como "vino de maguey" con bastante claridad.

---

[1] Avilés Karina, "El mezcal, de origen prehispánico, no español," *La Jornada*, Abril 19, 2004, consultado diciembre 28, 2018, https://www.jornada.com.mx/2004/04/19/04041902.pdf Lazcano Arce es doctor en Antropología por la Facultad de Filosofía y Letras y el Instituto de Investigaciones Antropológicas, U.N.A.M.

[2] Doctora en Antropología por la Facultad de Filosofía y Letras, U.N.A.M. y directora del Proyecto La Ruta del Mezcal.

[3] Serra Puche Mari Carmen, *Producción, circulación y consumo de la bebida del mezcal arqueológico y actual* (Ciudad de México: Instituto de Investigaciones Antropológicas UNAM, 2009), 169-184.

[4] Serra Puche Mari Carmen y Jesús Carlos Lazcano Arce, *El mezcal, una bebida prehispánica. Estudios etnoarqueológicos* (Ciudad de México: Instituto de Investigaciones Antropológicas UNAM, 2016).

El mezcal en la historiografía actual

En la historiografía reciente, uno de los principales estudios de las bebidas alcohólicas en el México prehispánico se debe a Henry J. Bruman, profesor emérito de geografía en la Universidad de California en Los Ángeles. Escribió el libro llamado *Alcohol in ancient Mexico* (2000).[5] En primera instancia muestra gran confusión en la denominación de origen del mezcal; asegura que la destilación llega con la conquista española, a pesar de los datos arqueológicos en contra. Además, se contradice al mencionar el mezcal como la mayor bebida regional predilecta; esto es: que se trata de un destilado anterior a la conquista. Otra confusión en el texto de Bruman, al mencionar otras bebidas que llama "brebajes de los nativos", es caer en la generalización de las diferentes bebidas obtenidas del maguey sin aclarar la procedencia.

Otro autor que sigue esta confusión y generalización —entre destilados, fermentados y obtención de bebidas alcohólicas en México— es Timothy Mitchell, historiador y teórico político egresado de la Universidad de Cambridge, en su obra de 2004 titulada *Intoxicate identities: Alcohol's power in Mexican history and culture*.[6] Desde el primer capítulo de su obra generaliza destilados y fermentados como simples "brebajes intoxicantes" en México Tenochtitlán, y tampoco aclara su procedencia.

Por último, Rod Phillips, doctorado de la Universidad de Oxford y profesor de Historia en la Universidad de Carleton, Canadá, no resuelve los problemas en su obra de 2014, titulada *Alcohol: A history*,[7]. Phillips mantiene la idea de generalizar las bebidas alcohólicas de México; además hace una innecesaria analogía (por falsedad) entre América y Europa: generaliza para

---

[5]   Bruman Henry, *Alcohol in ancient Mexico* (Salt Lake City: University of Utha Press, 2000).

[6]   Timothy Mitchell, *Intoxicate identities: Alcohol's power in Mexican history and culture* (Nueva York-Londres: Routledge, 2004).

[7]   Phillips Rod, *Alcohol: A history* (North Carolina: University of North Carolina Press Books, 2014).

esta última no sólo el empleo cultural y control del alcohol, sino que también engloba usos y costumbres.

Sin embargo, estos tres autores nos dejan ver un poco la función comercial tan importante de las bebidas en el México antiguo.

El mezcal en las fuentes tempranas del siglo XVI

Ahora veamos lo que los documentos de aquella época antigua, fuentes tempranas de la conquista europea, nos dicen sobre las bebidas alcohólicas, su comercialización y proceso de obtención. Aquí el problema es más profundo, ya que la información resulta escasa, generalizada, y en ocasiones confusa en cuanto a qué bebidas se refieren los frailes y los conquistadores.

La primera referencia por parte de los conquistadores toca a Hernán Cortés. Su información es poca y simple. Afirma que existía "vino de maguey" y además alude al comercio de vinos o licores, dejando en claro que son productos de gran demanda y suma importancia. Describe que en el mercado de Tlatelolco, las bebidas y otros productos del maguey tenían su propia sección comercial: "miel de unas plantas que llaman en las otras islas maguey, que es muy mejor que arrope [jarabe]; y de estas plantas hacen azúcar y vino [¿pulque o mezcal?] que asimismo venden".[8] Cortés hace referencia a tres diferentes bebidas que son miel, jarabe y "vino", y deja en claro que son diferentes.

Otro acompañante de Cortés y testigo de los sucesos se conoce como el "conquistador anónimo". Joaquín García Icazbalceta publicó su obra, en la que dedica tres capítulos a las bebidas prehispánicas y uno al comercio en los mercados, donde también menciona vinos. El "conquistador anónimo" expresa en el capítulo IX, titulado: "Las bebidas que usan",

---

[8] Cortés Hernán, "Segunda carta", en *Cartas y Relaciones de Hernán Cortés al emperador Carlos V, colegidas é ilustradas por don Pasqual de Gayangos* (París, Francia: Real Academia de Historia de Madrid-Imprenta Central de los Ferrocarriles A. Chaix Y Ccallr, 1866), 104.

una variedad de vinos, pero diferencia al chocolate como bebida predilecta y de mayor consumo entre los naturales: "Hacen diversas clases de vino; pero la bebida más principal y excelente que usan es una que llaman cachanate".[9] Se refiere al chocolate. Aunque el "conquistador anónimo" menciona diversos vinos, no aclara cuáles. Sin embargo, en el capítulo XI, "Otra clase de vino que tienen", menciona concretamente a la bebida embriagante que se extrae de la planta del maguey:

> Hay ciertos árboles, o más bien árboles y cardos que tienen las hojas gruesas como la pierna de un hombre por la rodilla y del largo de un brazo, poco más o menos, según su edad. Echa en medio un tronco que llega a tener de alto dos o tres veces la estatura de un hombre próximamente, y el grueso de un muchacho de seis o siete años. En cierta estación en que llega a su madurez le hacen un barreno en el pie, por donde destila un licor que guardan en unas cortezas de árbol a propósito.[10]

Al mencionar la palabra "destila", describe el proceso conocido actualmente como "raspado" del maguey, para obtener aguamiel y, fermentado, pulque. Cuando capan al maguey, el aguamiel escurre o "destila" de las pencas hacia su centro o corazón: mana, exuda o escurre. Y cuando menciona "licor" se refiere a la savia o aguamiel.

En la siguiente parte de la cita describe el proceso, ahora sí, de cocción y molienda del maguey para la obtención del mezcal destilado. Después de obtener el aguamiel y, por fermentación

---

[9]   García Icazbalceta Joaquín, *El conquistador anónimo. Relación de algunas cosas de la Nueva España y de la gran ciudad de Temestitan México: escrita por un compañero de Hernán Cortés* (Ciudad de México: G.B. Ramusio's "Navigazioni" from the lost Spanish text, 1938).

[10]   *Ibíd.*

el pulque, también menciona diferentes bebidas como la miel y el arrope, e inclusive vinagre. Y enumera otros usos:

> Es tan útil este árbol, que de él sacan vino, vinagre, miel, y arrope; hacen vestidos para hombres y mujeres, zapatos, cuerdas, vigas para las casas y tejas para cubrirlas, agujas para coser y dar puntos a las heridas, y otras cosas. Recogen así mismo las hojas de este árbol o cardo que llaman maguey y equivale por allá a nuestras viñas. *Pónenlas a cocer en hornos subterráneos y después de remojarlas machácanlas con un ingenio de madera que sirve para el caso, quitándoles las cortezas o raíces que suelen tener; y beben de este vino hasta embriagarse.*[11]

En la anterior cita es evidente la descripción del proceso de cocción del maguey en hornos subterráneos, así también la molienda al remojar y machacar las pencas con un instrumento de madera. De este proceso obtenían "vino", con el cual se embriagaban, así es que el "conquistador anónimo" se está refiriendo tentativamente al proceso de destilación.

Por otra parte, el mismo "conquistador anónimo" deja ver que los mexicas producían otros tipos de vinos de grano, diferentes al vino de maguey: "Hacen otra bebida del grano que comen la cual se llama chicha, y es de diversas clases, blanca y encarnada".[12]

Describe por último los mercados en donde se comerciaban las bebidas alcohólicas y no alcohólicas, mostrándonos el juego mercantil del mezcal. Dice que el mercado se ordena como grandes plazas, con gran orden en los productos de venta:

> Luego se llega a un lugar donde se vende vino de diversas clases, y a otro en donde se encuentra toda suerte de verduras. En esta calle se expende la

---

[11]   *Ibíd.* Las cursivas son mías.

[12]   *Ibíd.* Se trata de una bebida no alcohólica de maíz.

pimienta; en aquélla las raíces y hierbas medicinales que son infinitas las que estos naturales conocen; en otra, diversas frutas; en la de más allá madera para las casas, y allí junto la cal, y enseguida la piedra; en suma, cada cosa está a parte y por su orden.[13]

Veamos ahora el caso de los religiosos. En primer lugar, fray Toribio de Benavente o Motolinia, misionero franciscano que fungió como "historiador" de la Nueva España y formó parte de los "doce apóstoles" de México. Describe con claridad el proceso de obtención del pulque. Habla del raspado del maguey para obtener el aguamiel:

> Después de que el *metl* o maguey está hecho y tiene su cepa crecida, córtanle el cogollo con cinco o seis púas, que allí las tiene tiernas. La cepa que hace encima de la tierra, de donde proceden aquellas pencas, será del tamaño de un buen cántaro, y allí dentro de aquella cepa le van cavando y haciendo una concavidad tan grande como una buena olla; y hasta gastarle todo y hacerle esa concavidad tardarán dos meses, más o menos según el grueso del maguey; y cada día de estos van cogiendo un licor en aquella olla, en la cual se recoge lo que se destila.[14]

Según se advierte, el proceso del "raspado" consiste en hacer una concavidad en el centro del maguey para que el aguamiel escurra o "destile" hacia adentro. Recuérdese que el aguamiel no es alcohólico. Ahora bien, el aguamiel se

---

[13]   *Ibíd.*

[14]   De Benavente (Motolinia) Toribio, "Capítulo XIX: Del árbol o cardo llamado maguey, y de muchas cosas que de él se hacen, así de comer como de beber, calzar y vestir, y de sus propiedades", en *Historia de los indios de la Nueva España. Cartas de la Nueva España, de Frailes, de 1550-70* (Simancas: Real Academia de la Historia, Colección de Muñoz: Indias, 1554-1555, tomo 87, fojas 213-232).

deja fermentar, obteniendo así el pulque adquiriendo cierto grado de alcohol.

Posteriormente se somete el aguamiel y el "corazón del maguey" (la planta sin sus hojas o pencas) a otro proceso: la cocción, el cual Motolinia lo describe como cocción del maguey, del cual sí se obtiene un destilado como lo es el mezcal:

> Este licor luego como de allí se coge es como agua miel: cocido y hervido al fuego, hácese un vino dulcete, limpio, lo cual beben los españoles y dicen que es muy bueno y de mucha sustancia y saludable. Cocido este licor en tinaja como se cuece el vino y echándole unas raíces que los Indios llaman *ocpatli*, que quiere decir medicina o adobo de vino, hácese un vino tan fuerte, que a los que beben en cantidad embeoda reciamente.[15]

Por último, Motolinia describe un tercer proceso del cual se obtiene vinagre, arrope (jarabe) y miel del maguey:

> De este mismo licor hacen buen arrope y miel, aunque la miel no es de tan buen sabor como la de las abejas; pero para guisar de comer dicen que está y es muy sana. También sacan de este licor unos panes pequeños de azúcar, pero ni es tan blanco ni es tan dulce como el nuestro. Asimismo hacen de este licor vinagre bueno; unos lo aciertan o saben hacer mejor que otros.[16]

Además de mencionar al mezcal como un producto sanador y de "embrutecimiento", nos deja ver la nobleza del maguey, mencionando que de él también se obtenían alimentos y otros productos comerciables.

---

[15]   *Ibíd.*

[16]   *Ibíd.*

Otro autor religioso que menciona al maguey es Guillermo de Santa María, fraile agustino nacido en Talavera de la Reina y llegado a la Nueva España en 1541 (prior del convento de Zirosto). En su obra *La guerra de los chichimecas* menciona que estos pueblos obtenían destilados de otro tipo de plantas y no sólo del maguey:

> El maguey les es grande ayuda y mantenimiento porque nunca les falta y dél se aprobechan en todo lo que los demás de la Nueba España ezeto en no hazer rropa dél pero comen las hojas y rraíz coccidas en hornillo q[ue] acá llaman *mizcale* y es buena comida y hazen vino del que beben y ansí todas la rrayzes dichas comen cocidas en hornillo porque crudas no se pueden comer[17]

Sobresale la mención que del maguey se obtiene vino y comida que también se conoce como mezcal. Santa María agrega varias bebidas embriagantes obtenidas de otras plantas y frutos, como el mezquite y las tunas, que consumían los chichimecas:

> Tienen sus brebajes que beven porque hasta oy no se ha hallado nación que se contente con beber sólo agua; los mexicanos tienen sólo el que sacan del maguey; éstos tyenen el mysmo y otro que hazen de las tunas y otro del mezquite, por manera q[ue] tienen tres diferencias de vinos con los quales se emborrachan muy a menudo; lo son por todo borrachos; ninguna vasija de barro ni palo, sólo tienen unas que hazen de hilo tan texido y apretado que basta detener el agua onde hazen el vino y son algunas tan grandes como

---

[17]   De Santa María Guillermo, *Guerra de los chichimecas* (Zamora, Michoacán: El Colegio de Michoacán-Universidad de Guadalajara-El Colegio de San Luis Potosí, Colección Fuentes, 2003).

una canasta y por la espiriencia que tienen del
daño que le suzede en las borracheras tienen ya de
costumbre q[ue] en emborrachándose se apartan
las mujeres dellos y les esconden los arcos y flechas
y según he savido nunca todos se enborrachan,
q[ue] siempre dexan quien vele y mire por ellos
porque no los tomen borrachos descuydados y los
prendan o maten.[18]

Guillermo de Santa María hace referencia a ciertas canastas
de tejido tan apretado que no permiten que se escurran los
líquidos, en particular el "vino".

Por último, pasaremos a la descripción y variedades del
maguey con uno de los autores más respetados del siglo XVI:
fray Bernardino de Sahagún, quien estudió en la Universidad
de Salamanca. También habla de ese vino de maguey y explica
su papel social, describe las plantas y explica el raspado para la
obtención de aguamiel y pulque, aclarándonos un poco mejor
la diferencia entre fermentados y destilados.

---

[18]   *Ibíd.*

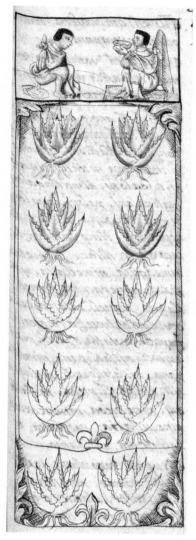

Fig. 1.
ANÓNIMO, ca. 1577
Lámina tomada del Libro XI, *Códice Florentino*, 1577, f. 200
Biblioteca Digital Mundial
https://www.wdl.org/es/item/10622/view/1/400/

Dentro de su texto conocido como *Códice Florentino* (antecedente de la *Historia general de las cosas de la Nueva España*), en el libro XI refiere diferentes tipos de magueyes. Lo hace en idioma náhuatl. Debido a ello, realicé la paleografía y traducción del texto (fojas 200 y 201) (figura 1):

Metl: in itechcámetl mamae amatlapale, uitzio, mechichioallo, iollo, tzintamalle, metzonteio, menelhoaio, quiioio, meiallo necuio, nequaio, aio, ichio, chapactic, chapanqui, macopiltic, xoxoctic, mecouaio, pipilhoa, pilhoa, teconi, pacholoni, aquiloni, tlaoliloni, meçoio.[19]

Mi traducción es:

El maguey: sus manos [son] como amate, espinudas, y su seno del maguey, su corazón, tiene su base llena de cabello de hojas, la raíz del maguey es talluda, su brotar es meloso, aguamiel, su jugo raspado gotea, humedece el gorro de su hoja verde, el capullo del maguey cuelga y chorrea, se va a cortar, se va a tapar, se va a estacar, se va a poner sus hojas de maguey secas.

---

[19] De Sahagún Bernardino, *Códice Florentino (1540)*, tomo XI, fojas 200 y 201 edición facsimilar. Paleografía y traducción hecha por Juan Alejandro Benítez González, 2018.

Fig. 2.
ANÓNIMO, ca. 1577
Lámina tomada del Libro XI, *Códice Florentino*, 1577, f. 201
Biblioteca Digital Mundial
https://www.wdl.org/es/item/10622/view/1/402/

Enseguida Sahagún realiza una lista de magueyes y algunas de sus características (figura 2).

> *Tlacametl, uei, uecapan, matialoac mapataloac.*
> *Ocelometl, cuicuiltic mocuicuilo.*
> *Nexmetl, menextic, nextic, nexeoac, xiuhtototic.*
> *Macocol, chichioalcocoltic.*
> *Mexoxoctli, xoxoctic yiapaltic.*
> *Xilometl, mapitzaoac.*
> *Tzilacaiometl, mocuicuicuilo moztcatzitzicuitz.*
> *Uitzitzilmetl: çanqualton, çanuelipanton texotic.*
> *Acametl, mapipitzaoac, mauiuiac iollopitzaoac.*
> *Temetl, çanqualton, matilacpiltetzon uecapanton.*
> *Cueçalmetl yoan mitua teumetl, iztacatica uauanqui tepiton macoçauhqui.*[20]

Traducción:

> *Tlacametl*: grande, muy alto, de hojas gruesas y anchas.
> *Ocelometl*: de muchos colores se mancha.
> *Nexmetl*: cenizo el maguey, gris, gris como herida, gris como el *xiuhtototl*.
> *Macocol*: (hoja doblada) que tiene su seno curvado.
> *Mexoxoctli*: verde muy oscuro.
> *Xilometl*: de hoja delgada.
> *Tzilacayometl*: se mancha de muchos colores de amarillentos nudos.
> *Huitzitzilmetl*: medianito, más o menos azul.
> *Acametl*: de hojas muy delgadas y largas, su centro es delgado.
> *Temetl*: mediano de hoja gruesa y espesura de mediano tamaño.

---

[20]   De Sahagún, *Ibíd*. Paleografía y traducción hecha por Juan Alejandro Benítez González, 2018.

Cuezalmetl: también se dice *teometl*, blancuzco, rayado, pequeño sus hojas amarillean.

A continuación, Sahagún describe la recolección y procesamiento de raspado del maguey para obtener aguamiel y pulque:

> *Patimetl, anoço pataiametl; in metl itechquiça in neuitliiuani, neuitlatiloni, octlaliloni, itechquiça in ichtli, cimaloni, tzaoaloni, tilmachioaloni malinaloni, paloni, iapaloni; in metl itechquiça in uitztli, tlatzoponiloni, tlaçouani, uitztic, iacauitztic, tliltic. Nimetecanimeaquia, nimetlalia, nimepixoa, nimepachoa: in metl tlaana, monelhoaiotia, celia, ceyixquioalquetza, mozcaltia, papatlaca, tlatlacoiauh, maciquiioti: nitlatlapana, nimetlapana; nitlaiolloixili; nitlaquioxili, nitlaixochpana, nitlachiqui, ninecueoa, ninenecueoa, ninecutlatia: noctlalia, nitlachichilia nitlacima.*

Traducción:

> *Patimetl* o patayamel: de este se saca la miel con que se hace el pulque, que pone alcohol, de este sale el *ichtle*, su ralladura se teje, hacen las tilmas, se usa para hilar, para probar su vestimenta de este maguey, se sacan las espinas para coser, desdobla la espina, la espina de la punta que es negra. Siembro el maguey, riego el maguey, asiento el maguey, cuido el maguey. El maguey lo toma, se enraiza, descansa hasta que viene a levantarse, crece, se vuelve tallo. Yo lo trueno, quiebro el maguey y le quito el centro. Le quito el tallo, le quito la superficie, lo raspo, le saco la miel, le saco el alcohol, le saco el pulque, hago el pulque.[21]

---

[21] De Sahagún, *Ibíd*. Paleografía y traducción hecha por Juan Alejandro

En esta última cita, Sahagún describe claramente el proceso del capado, raspado y obtención del aguamiel y del pulque. Sin embargo, no menciona proceso de cocción alguno ni molienda ni fermentación. Se centra en describir algunos rasgos de diferentes magueyes como colores, tamaños y texturas (figura 3). En la ilustración permite ver cómo dos hombres se benefician del maguey.

Benítez González, 2018.

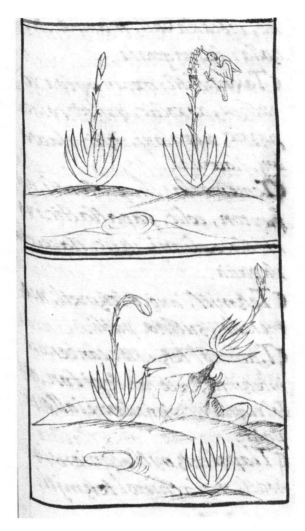

Fig. 3.
Anónimo, ca. 1577
Lámina tomada del Libro XI, *Códice Florentino*, 1577, f. 201
Biblioteca Digital Mundial
https://www.wdl.org/es/item/10622/view/1/402/

Finalizando, en cuanto a la descripción del proceso para la obtención de diferentes bebidas del maguey, estas son todas las evidencias que tenemos del siglo XVI. Podemos darnos cuenta de que los autores sólo tienen claro el proceso del raspado; no documentan por completo el proceso de destilación, sin embargo, nos comentan sobre algunas etapas como lo son la cocción, la molienda y la fermentación.

Así llegamos a las conclusiones.

Conclusiones

Toda la evidencia arqueológica apunta a que los prehispánicos tenían su propio sistema de destilación y por lo tanto consumían mezcal. Las fuentes nos dejan ver la importancia comercial del maguey, ya que de él se obtenía todo tipo de artículos comerciales como mieles, vinos, comida y hasta artículos como ropa, calzado y materiales de construcción de casas y acueductos. De esta forma el maguey es un artículo de primera necesidad.

Por otro lado, la historiografía actual sigue en confusión con respecto al origen del mezcal, aun habiendo evidencias antropológicas y arqueológicas que demuestran su origen antiguo. Es decir, se puede rastrear el mezcal como una bebida de procedencia cien por ciento prehispánica y que se origina desde dos milenios antes de la conquista española. Sin embargo, los frailes misioneros no supieron entender todo el proceso completo ni a todas las bebidas. En algunos de sus pasajes sí especifican la utilización del pulque, sin embargo, el proceso que describen nos lleva a pensar que también se refieren a otro tipo de bebidas embriagantes destiladas, en particular el mezcal.

Con base en esta breve revisión histórica, se puede concluir que el proceso completo de destilación y obtención del mezcal no es claro en las fuentes. A pesar de ello, se puede afirmar que distintos pueblos prehispánicos procesaban el maguey hasta conseguir potentes bebidas embriagantes, siendo mezcal o "vino" el favorito. De lo único que dan cuentas los documentos del siglo XVI son el proceso de raspado, la cocción en hornos subterráneos, y la molienda. Falta describir el proceso final de fermentación y destilación. Será tema de otra reflexión más refinada.

Bibliografía

Avilés, Karina. "El mezcal, de origen prehispánico, no español." *La Jornada*, Abril 19, 2004, consultado en diciembre 28, 2018: https://www.jornada.com.mx/2004/04/19/04041902.pdf

Bruman, Henry. *Alcohol in ancient Mexico*. Salt Lake City: University of Utha Press, 2000.

Cortés, Hernán. "Segunda carta", en *Cartas y Relaciones de Hernán Cortés al emperador Carlos V, colegidas é ilustradas por don Pasqual de Gayangos*. París, Francia: Real Academia de Historia de Madrid-Imprenta Central de los Ferrocarriles A. Chaix Y Ccallr, 1866.

De Benavente (Motolinia), Toribio. "Capítulo XIX: Del árbol o cardo llamado maguey, y de muchas cosas que de él se hacen, así de comer como de beber, calzar y vestir, y de sus propiedades", en *Historia de los indios de la Nueva España. Cartas de la Nueva España, de Frailes, de 1550-70*. Simancas, Real Academia de la Historia, Colección de Muñoz: Indias, 1554-1555, tomo 87.

De Sahagún, Bernardino. *Códice Florentino (1540)*. tomo XI, fojas 200 y 201, edición facsimilar.

De Santa María, Guillermo. *Guerra de los chichimecas*. Zamora, Michoacán: El Colegio de Michoacán-Universidad de Guadalajara-El Colegio de San Luis Potosí, Colección Fuentes, edición crítica y paleografía de Alberto Carrillo Cázares, 2ª edición corregida y aumentada, 2003.

García Icazbalceta, Joaquín. *El conquistador anónimo. Relación de algunas cosas de la Nueva España y de la gran ciudad de Temestitan México: escrita por un compañero de Hernán Cortés*. Ciudad de México: The translation by Joaquín García Icazbalceta, first published in 1858, of the Italian version in G.B. Ramusio's "Navigazioni" from the lost Spanish text. Reprinted, with an introduction by E. O'Gorman, 1938.

Phillips, Rod. *Alcohol: A history.* North Carolina: University of North Carolina Press Books, 2014.

Serra Puche, Mari Carmen. *Producción, circulación y consumo de la bebida del mezcal arqueológico y actual.* Ciudad de México: Instituto de Investigaciones Antropológicas UNAM, 2009.

Serra Puche, Mari Carmen y Jesús Carlos, Lazcano Arce. *El mezcal, una bebida prehispánica. Estudios etnoarqueológicos.* Ciudad de México: Instituto de Investigaciones Antropológicas UNAM, 2016.

Timothy, Mitchell. *Intoxicate identities: Alcohol's power in Mexican history and culture.* Nueva York-Londres: Routledge, 2004.